GRöLS Verlage

„Bücher sind wie Fallschirme. Sie nützen uns nichts, wenn wir sie nicht öffnen."

Gröls Verlag

Redaktionelle Hinweise und Impressum

Das vorliegende Werk wurde zugunsten der Authentizität sehr zurückhaltend bearbeitet. So wurden etwa ursprüngliche Rechtschreibfehler *nicht* systematisch behoben, denn kleine Unvollkommenheiten machen das Buch – wie im Übrigen den Menschen – erst authentisch. Mitunter wurden jedoch zum Beispiel Absätze behutsam neu getrennt, um den Lesefluss zu erleichtern.

Um die Texte zu rekonstruieren, werden antiquarische Bücher von Lesegeräten gescannt und dann durch eine Software lesbar gemacht. Der so entstandene Text wird von Menschen gegengelesen und korrigiert – hierbei treten auch Fehler auf. Wenn Sie ebenfalls antiquarische Texte einreichen möchten, finden Sie weitere Informationen auf www.groels.de

Viel Freude bei der Lektüre wünscht Ihnen das Team des Gröls-Verlags.

Adressen

Verleger: Sophia Gröls, Im Borngrund 26, 61440 Oberursel

Externer Dienstleister für Distribution & Herstellung: BoD, In de Tarpen 42, 22848 Norderstedt

Unsere „Edition | Werke der Weltliteratur“ hat den Anspruch, eine der größten und vollständigsten Sammlungen klassischer Literatur in deutscher Sprache zu sein. Nach und nach versammeln wir hier nicht nur die „üblichen Verdächtigen“ von Goethe bis Schiller, sondern auch Kleinode der vergangenen Jahrhunderte, die – zu Unrecht – drohen, in Vergessenheit zu geraten. Wir kultivieren und kuratieren damit einen der wertvollsten Bereiche der abendländischen Kultur. Kleine Auswahl:

Francis Bacon • Neues Organon • **Balzac** • Glanz und Elend der Kurtisanen • **Joachim H. Campe** • Robinson der Jüngere • **Dante Alighieri** • Die Göttliche Komödie • **Daniel Defoe** • Robinson Crusoe • **Charles Dickens** • Oliver Twist • **Denis Diderot** • Jacques der Fatalist • **Fjodor Dostojewski** • Schuld und Sühne • **Arthur Conan Doyle** • Der Hund von Baskerville • **Marie von Ebner-Eschenbach** • Das Gemeindekind • **Elisabeth von Österreich** • Das Poetische Tagebuch • **Friedrich Engels** • Die Lage der arbeitenden Klasse • **Ludwig Feuerbach** • Das Wesen des Christentums • **Johann G. Fichte** • Reden an die deutsche Nation • **Fitzgerald** • Zärtlich ist die Nacht • **Flaubert** • Madame Bovary • **Gorch Fock** • Seefahrt ist not! • **Theodor Fontane** • Effi Briest • **Robert Musil** • Über die Dummheit • **Edgar Wallace** • Der Frosch mit der Maske • **Jakob Wassermann** • Der Fall Maurizius • **Oscar Wilde** • Das Bildnis des Dorian Grey • **Émile Zola** • Germinal • **Stefan Zweig** • Schachnovelle • **Hugo von Hofmannsthal** • Der Tor und der Tod • **Anton Tschechow** • Ein Heiratsantrag • **Arthur Schnitzler** • Reigen • **Friedrich Schiller** • Kabale und Liebe • **Nicolo Machiavelli** • Der Fürst • **Gotthold E. Lessing** • Nathan der Weise • **Augustinus** • Die Bekenntnisse des heiligen Augustinus • **Marcus Aurelius** • Selbstbetrachtungen • **Charles Baudelaire** • Die Blumen des Bösen • **Harriett Stowe** • Onkel Toms Hütte • **Walter Benjamin** • Deutsche Menschen • **Hugo Bettauer** • Die Stadt ohne Juden *und viele mehr….*

Ludwig Wittgenstein

Vortrag über Ethik

&

Tagebücher

Inhalt

Vortrag über Ethik

Bevor ich zum eigentlichen Thema komme, erlauben Sie mir ein paar einleitende Worte. Gefühlt werde ich große Schwierigkeiten haben, Ihnen meine Gedanken zu kommunizieren, und einige dieser Schwierigkeiten könnten, glaube ich, etwas geringer werden, indem ich sie im Vorfeld anspreche.

Die erste, die ich kaum anzusprechen brauche, besteht darin, dass Englisch nicht meine Muttersprache ist und dass es meiner Ausdrucksweise daher oft an der Genauigkeit und Geschicklichkeit fehlt, die bei einem Vortrag über ein schwieriges Thema wünschenswert wären. Ich kann Sie also nur bitten, mir meine Aufgabe zu erleichtern, indem Sie sich bemühen, trotz der stetig von mir begangenen Verstöße gegen die englische Grammatik den Sinn meiner Worte zu verstehen. Die zweite Schwierigkeit, die ich ansprechen möchte, besteht darin, dass viele von Ihnen wohl mit etwas unrichtigen Erwartungen zu diesem Vortrag kommen. Und um diesen entgegenzuwirken, möchte ich einige Worte zur Begründung der Wahl des von mir gewählten Themas sagen: Als mich Ihr ehemaliger Vorsitzender mit der Bitte ehrte, Ihrem Verein einen Vortrag zu halten, war mein erster Gedanke, dass ich dieser Bitte bestimmt nachkommen würde, und mein zweiter Gedanke war, dass ich bei dieser Gelegenheit ein Thema wählen sollte, das ich Ihnen gerne kommunizieren möchte, und dass ich diese Gelegenheit nicht missbrauchen dürfte, indem ich Ihnen etwa einen Vortrag über Logik halte. Ich nenne das einen Missbrauch; denn die Erklärung eines wissenschaftlichen Gegenstands bedürfte nicht eines einstündigen Vortrags, sondern einer ganzen Reihe von Vorträgen. Eine weitere Alternative wäre, Ihnen einen sogenannten populärwissenschaftlichen Vortrag zu halten, das heißt: einen Vortrag, der einerseits Ihnen glauben machen will, dass Sie etwas verstehen, was Sie in Wirklichkeit gar nicht verstehen, und der andererseits einen der meines Erachtens gemeinsten

Wünsche moderner Menschen befriedigt, nämlich: die oberflächliche Neugierde auf die jüngsten Entdeckungen der Wissenschaft. Ich habe mich gegen diese Alternativen und für ein Vortragsthema entschieden, das mir von grundsätzlicher Bedeutung zu sein scheint und mit dem ich Ihnen hoffentlich helfen kann, über die eigenen Gedanken zu diesem Thema Klarheit zu erlangen (auch wenn Sie mir gar nicht zustimmen). Meine dritte und letzte Schwierigkeit ist eine, die tatsächlich den meisten etwas längeren philosophischen Vorträgen anhaftet, und diese besteht darin, dass der Zuhörer nicht gleichzeitig den Weg, auf dem er geführt wird, und das Ziel, zu dem dieser führt, erkennen kann. Das heißt: Man denkt entweder, „Ich verstehe jedes Wort, habe aber keine Ahnung, worauf er hinaus will", oder man denkt, „Ich sehe, worauf er hinaus will, habe aber keine Ahnung, wie er dorthin kommen sollte". Auch hier kann ich Sie nur um Geduld bitten und hoffen, dass Sie am Ende beides sehen, den Weg und das Ziel.

Nun komme ich zum Thema. Wie Sie wissen, ist dieses die Ethik und ich möchte die Erklärung dieses Begriffs übernehmen, die Professor Moore in seinem Buch *Principia Ethica* ausführte. Dort sagt er: Die Ethik sei „die allgemeine Untersuchung dessen, was gut ist". Nun verwende ich den Begriff der Ethik in einem etwas weiteren Sinne – tatsächlich in einem Sinne, der meiner Auffassung nach den wesentlichsten Teil dessen umfasst, was grundsätzlich Ästhetik heißt. Und damit Sie möglichst klar sehen, was meines Erachtens der Gegenstand der Ethik ist, führe ich Ihnen eine Anzahl mehr oder minder synonymer Ausdrücke an, die jeweils durch die vorgenannte Definition ersetzt werden könnten; und dadurch möchte ich etwas wie dieselbe Wirkung herbeiführen, die Galton herbeifuhr, als er ein und dieselbe fotografische Platte mit einer Anzahl verschiedener Einzelporträts belichtete, um ein Bild der typischen, all diesen Porträts gemeinsamen Merkmale zu erhalten. Und wie ich Ihnen anhand einer solchen Kollektivfotographie das typische – sagen wir – chinesische Gesicht zeigen könnte, so können Sie hoffentlich bei Durchsicht der Ihnen von mir angeführten Reihe der Synonyme die charakteristischen, all diesen gemeinsamen Merkmale sehen und das sind die charakteristischen Merkmale der Ethik.

Nun, anstatt zu sagen, „die Ethik ist die Untersuchung dessen, was gut ist“, hätte ich sagen können, die Ethik ist die Untersuchung dessen, was wertvoll ist oder was sehr wichtig ist; oder aber ich hätte sagen können, die Ethik ist die Untersuchung des Sinns des Lebens oder des lebenswerten Lebens oder des richtigen Lebens. Ich glaube, wenn Sie sich all diese Phrasen anschauen, bekommen Sie eine ungefähre Idee des Gegenstands der Ethik. Bei all diesen Ausdrücken ist das erste, was einem auffällt, dass sie tatsächlich in zwei sehr unterschiedlichen Sinnen verwendet werden. Ich bezeichne sie einerseits als den trivialen bzw. relativen Sinn und andererseits als den ethischen bzw. absoluten Sinn. Sage ich zum Beispiel, dies ist ein *guter* Stuhl, so heißt das, der Stuhl dient einem bestimmten vorgegebenen Zweck, wobei das Wort „gut“ nur eine Bedeutung hat, sofern dieser Zweck im Vorfeld bestimmt wurde. In der Tat bedeutet das Wort *gut* im relativen Sinne „einem vorgegebenen Maßstab entsprechen“. Wenn wir also sagen, dieser Mann ist ein guter Klavierspieler, so meinen wir, dass er Klavierstücke eines bestimmten Schwierigkeitsgrads mit einem bestimmten Grad an Fingerfertigkeit spielen kann. Und wenn ich in ähnlicher Weise sage, mir ist *wichtig*, dass ich mich nicht erkälte, so meine ich, dass eine Erkältung mein Leben auf bestimmte, beschreibbare Art und Weise beeinträchtigt; und wenn ich sage, das ist die *richtige* Straße, so meine ich, dass diese Straße bezogen auf ein bestimmtes Ziel die richtige ist. So verwendet, stellen diese Ausdrücke keine schwierigen oder tiefen Probleme dar. Aber so verwendet die Ethik diese nicht.

Nehmen wir an, ich könnte Tennis spielen und einer von Ihnen beobachtete mich dabei und sagte zu mir: „Sie spielen aber schlecht“. Und nehmen wir an, ich antwortete: „Ich weiß, dass ich schlecht spiele, will aber nicht besser spielen“. Der andere könnte nur antworten: „O, dann ist ja gut“. Aber nehmen wir an, ich erzählte einem von Ihnen eine absurde Lüge und dieser käme zu mir und sagte, „Sie verhalten sich wie ein

Vieh“ und ich antwortete, „ich weiß, dass ich mich schlecht verhalte, will mich aber nicht besser verhalten“. Könnte dieser in diesem Fall sagen, „O, dann ist ja gut“? Bestimmt nicht; er würde sagen, „Sie *sollten* sich besser verhalten wollen“. Hier hat man ein absolutes Werturteil, während beim ersten Beispiel ein relatives Urteil vorlag. Im Wesentlichen scheint der Unterschied freilich darin zu bestehen, dass jedes Urteil relativen Werts eine bloße Tatsachenbehauptung ist und sich daher so formulieren lässt, dass der Anschein eines Werturteils nicht erweckt wird: Anstatt „das ist der richtige Weg nach Granchester“ zu sagen, hätte ich auch sagen können, „dies ist der richtige Weg, wenn Sie so schnell wie möglich nach Granchester kommen möchten“; „der Mann ist ein guter Läufer“ heißt lediglich, dass er eine bestimmte Anzahl von Meilen innerhalb einer bestimmten Anzahl von Minuten laufen kann etc. Was ich jetzt behaupten möchte, ist dies: Obwohl sich alle Urteile relativen Werts auch als bloße Tatsachenbehauptungen formulieren lassen, kann keine Tatsachenbehauptung ein Urteil absoluten Werts sein oder implizieren.

Erlauben Sie mir, dies zu erklären: Nehmen wir an, dass einer von Ihnen allwissend wäre und daher alle Bewegungen aller Körper auf Erden, tot oder lebendig, kannte und dass dieser auch alle Geisteszustände aller Menschen aller Zeiten kannte. Und nehmen wir auch an, dieser Mensch schriebe sein ganzes Wissen in einem großen Buch nieder – in diesem Fall enthielte das Buch die vollständige Weltbeschreibung; und was ich sagen möchte, ist, dass dieses Buch weder etwas enthielte, was wir als *ethisches* Urteil bezeichnen würden, noch etwas, was ein solches Urteil logisch implizierte. Freilich enthielte es alle relativen Werturteile und alle wahren wissenschaftlichen Sätze, ja alle wahren Sätze, die sich formulieren lassen. Aber alle beschriebenen Tatsachen wären gleichsam miteinander gleichgestellt und in gleicher Weise wären alle Sätze miteinander gleichgestellt. Es gibt keine Sätze, die im absoluten Sinne erhaben, wichtig oder trivial sind. Einige von Ihnen stimmen mir vielleicht in diesem Punkt zu und entsinnen sich der Worte Hamlets: „An sich ist nichts weder gut noch böse, das Denken macht es erst dazu“. Aber dies könnte wiederum zu einem Missverständnis führen. Aus den Worten

Hamlets scheint hervorzugehen, dass das Gute und das Böse keine uns externen Eigenschaften der Welt sind, sondern Attribute unserer Geisteszustände. Dahingegen meine ich, dass ein Geisteszustand – insofern wir damit eine Tatsache bezeichnen, die wir beschreiben können – in keinem ethischen Sinne gut oder böse ist. Wenn wir zum Beispiel in unserem Weltbuch eine Beschreibung eines Mords lesen, samt aller seiner Einzelheiten, der physikalischen wie der psychologischen, enthält die bloße Beschreibung dieser Tatsachen nichts, was wir als *ethischen* Satz bezeichnen könnten. Der Mord ist mit allen anderen Ereignissen gleichgestellt, wie zum Beispiel mit dem Fallen eines Steins. Gewiss, die Lektüre dieser Beschreibung hätte bei uns Schmerz oder Zorn oder ein anderes Gefühl hervorrufen können oder wir hätten über den Schmerz oder den Zorn lesen können, den dieser Mord bei anderen Menschen hervorgerufen hat, als sie von ihm erfahren haben; aber das sind nichts anderes als Tatsachen, Tatsachen und Tatsachen, aber keine Ethik.

Und nun muss ich sagen, dass mir dieses Ergebnis – wenn ich mir überlege, was die Ethik hätte sein müssen, wenn es eine solche Wissenschaft überhaupt gäbe – ganz offensichtlich scheint. Offensichtlich scheint mir, dass nichts, was wir uns jemals denken oder was wir jemals sagen könnten, *die* Sache sein könnte. Dass wir kein wissenschaftliches Buch schreiben können, dessen Gegenstand an und für sich erhaben und über allen anderen Gegenständen gestellt wäre – mein Gefühl kann ich nur durch folgende Metapher beschreiben: Wenn man ein Buch über die Ethik schreiben könnte, das tatsächlich ein Buch über die Ethik wäre, so vernichtete dieses Buch alle anderen Bücher der Welt, mit einer Explosion. Die verwendeten Worte, wie wir sie in der Wissenschaft verwenden, sind Behälter, die nur Sinn und Bedeutung – das heißt: *natürlicher* Sinn und *natürliche* Bedeutung – enthalten und vermitteln können. Die Ethik, wenn sie überhaupt etwas ist, ist übernatürlich und unsere Worte drücken nur Tatsachen aus; wie eine Teetasse nur eine Teetasse voll Wasser hält, auch wenn ich einen Liter Wasser reingeschüttet hätte.

Ich habe gesagt: Sofern es sich um Tatsachen und Sätze handelt, gibt es nur relativen Wert und das relativ Gute, Richtige etc. Und bevor ich weiter ausführe, erlauben Sie mir dies anhand eines ziemlich offensichtlichen Beispiels zu veranschaulichen. Die richtige Straße ist die Straße, die zu einem willkürlich vorgegebenen Ziel führt, wobei es uns allen vollkommen klar ist, dass es keinen Sinn ergibt, unabhängig von diesem vorgegebenen Ziel von der richtigen Straße zu reden. Nun versuchen wir mal festzustellen, was wir eventuell mit dem Ausdruck "*die* absolut richtige Straße" meinen könnten. Ich glaube, sie wäre die Straße, die beim Anblick allein *alle mit logischer Notwendigkeit* betreten müssten bzw. sich schämen müssten, wenn sie sie nicht beträten. Und ähnlich beim absolut Guten: Das *absolut Gute*, wenn es ein beschreibbarer Sachverhalt ist, wäre einer, den alle unabhängig von ihrem Geschmacksempfinden und ihren Neigungen *notwendig* herbeiführten bzw. *notwendig* ein schlechtes Gewissen hätten, wenn sie diesen nicht herbeiführten. Und ich will sagen, ein solcher Sachverhalt ist eine Chimäre. An sich hat kein Sachverhalt das, was ich als Zwangsgewalt eines absoluten Richters bezeichnen möchte. Was schwebt uns allen dann vor, wenn Menschen, wie ich, noch Ausdrücke wie „das absolute Gute", „absoluter Wert" etc. verwenden wollen – was schwebt uns im Geist vor und was versuchen wir da zum Ausdruck zu bringen?

Nun wenn ich versuche, mir dies klar zu machen, ist es normal, dass ich mich Fälle entsinne, in denen ich bestimmt diese Ausdrücke verwenden würde, wobei ich mich dann in die Lage versetze, in der Sie sich auch befänden, wenn ich Ihnen zum Beispiel über die Psychologie der Lust einen Vortrag gehalten hätte. Hier hätten Sie versucht, sich einer typischen Situation zu entsinnen, in der Sie stets Lust fühlen. Denn beim Vorschweben dieser Situation im Geiste würde alles, was ich Ihnen sagte, konkret und gleichsam nachprüfbar. Als Paradebeispiel wählte man vielleicht die Empfindung beim Spaziergang an einem schönen Sommertag. Nun in dieser Situation befinde ich mich, wenn ich mein geistiges Auge darauf richten möchte, was ich mit absolutem oder ethischem Wert meine. Und in meinem Fall präsentiert sich immer wieder die Idee eines bestimmten Erlebnisses, das daher in einem Sinne mein Erlebnis *par excellence* ist, und aus diesem Grund möchte ich dieses Erlebnis als Paradebeispiel im Rahmen dieses Vortrags anführen. (Wie schon gesagt, ist dies ganz persönlich und andere würden andere Beispiele plakativer finden). Ich möchte dieses Erlebnis beschreiben, damit Sie sich womöglich desselben oder ähnlicher Erlebnisse entsinnen, sodass wir womöglich einen gemeinsamen Grund für unsere Untersuchung haben; dieses Erlebnis lässt sich, glaube ich, am besten wie folgt beschreiben: Wenn ich es habe, *bin ich über die Existenz der Welt erstaunt*. Und dann neige ich zur Verwendung solcher Phrasen wie „wie außerordentlich, dass überhaupt etwas existiert“ oder „wie außerordentlich, dass die Welt existiert“. Ich möchte auch ein weiteres Erlebnis nennen, das mir bekannt ist und das vielleicht auch einige von Ihnen kennen: Dieses Erlebnis ist, könnte man sagen, das Erlebnis des Gefühls der *absoluten* Sicherheit. Ich meine den Geisteszustand, in dem man zu sagen geneigt ist, „ich bin sicher, nichts kann mir schaden, egal was geschieht“. Nun erlauben Sie mir, diese Erlebnisse näher zu betrachten, da sie, glaube ich, genau die Merkmale aufweisen, über die wir Klarheit erlangen möchten. Und hier ist das Erste, was ich sagen möchte, dies: Der sprachliche Ausdruck, den wir diesen Erlebnissen verleihen, ist Unsinn!

Wenn ich sage, „ich bin über die Existenz der Welt erstaunt“, so missbrauche ich die Sprache. Ich möchte dies so erklären: Die Worte, ich bin darüber erstaunt, dass etwas der Fall ist, ergeben einen vollkommen guten und klaren Sinn; wir alle verstehen, was die Worte bedeuten: Ich bin über die Größe eines Hundes erstaunt, der größer ist als jeder, den ich bisher gesehen habe, oder über etwas, das im gewöhnlichen Sinne des Worts außerordentlich ist. In diesen Fällen bin ich darüber erstaunt, dass etwas der Fall ist, da ich dies auch als etwas auffassen *könnte*, das *nicht* der Fall ist. Ich bin über die Größe dieses Hundes erstaunt, weil ich mir einen Hund einer anderen – nämlich: einer gewöhnlichen – Größe vorstellen könnte, über deren Größe ich nicht erstaunt wäre. Die Worte „ich bin darüber erstaunt, dass dies und jenes der Fall ist“ ergeben nur Sinn, wenn ich mir vorstellen kann, dass es nicht der Fall ist. In diesem

Sinne kann man etwa über die Existenz eines Hauses erstaunt sein, wenn man es sieht und seit langem nicht mehr drin war und sich gedacht hat, dass es mittlerweile abgerissen wurde. Aber die Worte, ich bin über die Existenz der Welt erstaunt, sind Unsinn, da ich mir nicht vorstellen kann, dass sie nicht existiert. Ich könnte natürlich darüber erstaunt sein, dass die Welt um mich herum ist, wie sie ist. Wenn ich zum Beispiel beim Starren in den blauen Himmel dieses Erlebnis hätte, könnte ich darüber erstaunt sein, dass der Himmel blau ist – im Gegensatz zu dem Fall, dass er bewölkt ist. Aber das meine ich nicht. Ich bin über den Himmel erstaunt, dass er ist, *wie auch immer er sein mag*. Man will vielleicht sagen, dass das, worüber ich erstaunt bin, eine Tautologie ist, nämlich: darüber, dass der Himmel blau oder nicht blau ist. Aber zu sagen, dass man über eine Tautologie erstaunt ist, ist einfach Unsinn.

Nun gilt das Gleiche für das andere von mir angeführte Erlebnis, das Erlebnis der absoluten Sicherheit. Im gewöhnlichen Leben wissen wir alle, was es heißt, sicher zu sein. In meinem Zimmer bin ich sicher, wenn ich von einem Omnibus nicht überfahren werden kann. Ich bin sicher, wenn ich Keuchhusten hatte und ihn daher nicht wieder kriegen kann. Im Wesentlichen heißt „sicher sein", dass es physikalisch unmöglich ist, dass mir bestimmte Dinge geschehen, und daher ist es Unsinn zu sagen, dass ich sicher bin, *egal was* geschieht. Wie das andere Beispiel ein Missbrauch des Worts „Existenz" bzw. „erstaunen" war, ist dies auch ein Missbrauch des Worts „sicher". Nun möchte ich Sie darauf hinweisen, dass sich ein bestimmter charakteristischer Missbrauch unserer Sprache durch *alle* ethischen und religiösen Ausdrücke zieht.

All diese Ausdrücke *scheinen* prima facie nur *Gleichnisse* zu sein. So scheinen wir das Wort *richtig* im ethischen Sinne zu verwenden, obwohl wir das Wort *richtig* nicht im trivialen Sinne meinen – es ist etwas ähnliches; und wenn wir sagen, „das ist ein guter Kerl", obwohl das Wort *gut* hier nicht dieselbe Bedeutung hat wie im Satz, „das ist ein guter Fußballer", so scheint eine gewisse Ähnlichkeit zu bestehen. Und wenn wir sagen, „dieser Mann führte ein wertvolles Leben", meinen wir dies nicht in demselben Sinn, in dem wir von einem wertvollen Schmuck sprechen würden, auch wenn eine Art Analogie scheinbar besteht. In diesem Sinne werden alle religiösen Begriffe nun scheinbar als Gleichnisse oder Allegorien verwendet. Denn wenn wir von Gott reden und davon, dass er alles sieht, und wenn wir uns niederknieen und zu ihm beten, sind alle unsere Begriffe und Handlungen scheinbar Teile einer großen und umfangreichen Allegorie, die ihn als Mensch großer Macht darstellt, dessen Gnade wir für uns gewinnen möchten etc., etc. Aber diese Allegorie beschreibt auch das gerade von mir genannte Erlebnis. Denn das erste Erlebnis ist, glaube ich, genau das, was die Menschen damals mit den Worten, Gott erschuf die Welt, gemeint haben; und das Erlebnis der absoluten Sicherheit wurde dadurch beschrieben, dass wir uns in Gotteshand sicher fühlen. Ein drittes Erlebnis derselben Art ist das des Schuldgefühls und dies wurde wiederum durch die Phrase beschrieben, dass Gott unser Verhalten missbilligt. Scheinbar verwenden wir also konstant Gleichnisse in der ethischen und religiösen Sprache. Aber ein Gleichnis muss ein Gleichnis für *etwas* sein. Und wenn ich eine Tatsache durch ein Gleichnis beschreiben kann, muss ich auch in der Lage sein, auf das Gleichnis zu verzichten und die Tatsachen ohne das Gleichnis zu beschreiben. Dahingegen gilt in unserem Fall: Sobald wir versuchen, auf das Gleichnis zu verzichten und die hinter ihm stehenden Tatsachen zu erklären, stellen wir fest, dass es keine solchen Tatsachen gibt. Und was also zunächst wie ein Gleichnis aussah, scheint nun bloßer Unsinn zu sein.

Also für die, die sie erlebt haben – ich zum Beispiel – scheinen die drei von mir angeführten Erlebnisse (ich hätte auch weitere anführen können) in irgendeinem Sinne einen intrinsischen, absoluten Wert zu haben. Aber wenn ich sage, sie sind Erlebnisse, so sind sie dann sicherlich Tatsachen; sie haben dann und dort stattgefunden, hatten eine bestimmte Dauer und lassen sich somit beschreiben. Und aufgrund meiner Argumentation vor einigen Minuten muss ich eingestehen, dass es Unsinn ist, diesen einen absoluten Wert zuzuschreiben. Und ich möchte mein Fazit noch akuter formulieren: „Es ist das Paradox, dass ein Erlebnis, eine Tatsache, scheinbar einen übernatürlichen Wert hat". Es gibt nun eine Art und Weise, in der ich versucht wäre, auf dieses Paradox zu antworten.

Erlauben Sie mir zunächst, unser erstes Erlebnis des Erstaunens über die Existenz der Welt noch einmal in Betracht zu ziehen; und erlauben Sie mir, dies leicht anders zu beschreiben; im gewöhnlichen Leben wissen wir alle, was man als Wunder bezeichnen würde. Freilich ist es einfach ein Ereignis, das wir noch nie gesehen haben. Nun nehmen wir an, es hätte sich ein solches Ereignis zugetragen. Plötzlich wuchs einem von Ihnen ein Löwenkopf und er brüllte. Etwas Außergewöhnlicheres kann ich mir kaum noch vorstellen. Sobald wir uns von unserer Überraschung erholt haben, wäre mein Vorschlag, einen Arzt zu holen und den Fall wissenschaftlich untersuchen zu lassen und diesen Menschen vivisezieren zu lassen, wenn es ihm nicht schaden würde. Und wo ist das Wunder jetzt hin? Denn es ist klar, dass bei dieser Betrachtungsweise alles Wunderbare verschwunden ist – soweit wir mit diesem Begriff nicht lediglich meinen, dass sich eine Tatsache noch nicht durch die Wissenschaft erklären lässt, was wiederum heißt, dass wir diese Tatsache bisher nicht mit weiteren Tatsachen in einem wissenschaftlichen System vereinbaren könnten. Dies zeigt die Absurdität der Behauptung, die Wissenschaft habe bewiesen, dass es keine Wunder gibt. Die Wahrheit ist, die wissenschaftliche Betrachtung einer Tatsache ist nicht für die Betrachtung einer Tatsache als Wunder geeignet. Denn es ist gleichgültig, welche Tatsache Sie sich vorstellen; sie ist nicht an sich wunderbar im absoluten Sinne dieses Begriffs. Hier sehen wir nun, dass wir das Wort „Wunder" in einem relativen und in einem absoluten Sinne verwendet haben. Und jetzt möchte ich das Erlebnis des Erstaunens über die Existenz der Welt so beschreiben: Es ist das Erlebnis, die Welt als Wunder zu sehen. Hier will ich sagen, dass der richtige, sprachliche Ausdruck für das Wunder der Existenz der Welt nicht in einem Satz in der Sprache liegt, sondern in der Existenz der Sprache selbst. Aber was heißt das, sich dieses Wunders nur zeitweise bewusst zu sein? Denn indem ich den Ausdruck des Wunderbaren von einem Ausdruck *durch* die Sprache auf den Ausdruck der *Existenz der* Sprache verschiebe, habe ich nichts anderes gesagt, als dass wir nicht das ausdrücken können, was wir ausdrücken wollen, und dass alles, was wir über das absolut Wunderbare sagen, Unsinn bleibt.

Die Antwort auf das alles wird den meisten von Ihnen vollkommen klar sein. Sie werden sagen: Nun, wenn uns bestimmte Erlebnisse ständig versuchen, diesen eine Eigenschaft zuzuschreiben, die wir absoluten oder ethischen Wert bzw. absolute oder ethische Wichtigkeit nennen, so zeigt dies lediglich, dass wir mit diesen Worten *nichts* Unsinniges meinen – dass das, was wir schließlich meinen, wenn wir sagen, dass ein Erlebnis einen absoluten Wert hat, *eine Tatsache ist wie andere Tatsachen auch* und dass das alles nichts anderes bedeutet, als dass es uns noch nicht gelungen ist, die korrekte logische Analyse von dem gefunden zu haben, was wir mit unseren ethischen und religiösen Ausdrücken meinen. Bei diesem Einwand sehe ich sofort klar, gleichsam mich ein Licht umstrahlend, nicht nur, dass sich keine denkbare Beschreibung als Beschreibung dessen eignete, was ich mit absolutem Wert meine, sondern auch, dass ich ab initio aufgrund ihrer Sinnhaftigkeit jede sinnvolle Beschreibung, was immer man mir vorschlagen mag, ablehnen würde. Das heißt: Ich sehe jetzt, dass diese unsinnigen Ausdrücke nicht deswegen unsinnig waren, weil ich noch nicht die korrekten Ausdrücke gefunden habe, sondern dass ihre Unsinnigkeit ihr Wesen war.

Denn durch sie wollte ich nur *über die Welt hinausgehen*; das heißt: über die sinnvolle Sprache hinaus. Meine ganze Tendenz – und ich glaube, die Tendenz aller Menschen, die jemals versucht haben, über die Ethik oder Religion zu sprechen oder zu schreiben – bestand darin, gegen die Grenze der Sprache anzurennen. Dieses Anrennen gegen die Wände unseres Käfigs ist vollkommen, absolut hoffnungslos. Die Ethik, sofern sie einem Wunsch entspringt, etwas über den endgültigen Sinn des Lebens, das absolut Gute, das absolut Wertvolle zu sagen, kann keine Wissenschaft sein. Was sie sagt, führt zu keinen neuen Erkenntnissen in irgendeinem Sinne. Aber sie ist ein Nachweis einer Tendenz im menschlichen Geiste, vor der ich für mein Teil nur den Hut ziehen kann und über die ich mich nie im Leben lustig machen würde.

Tagebücher 1914-1916

Die Logik muß für sich selber sorgen.

Wenn sich syntaktische Regeln für Funktionen *überhaupt* aufstellen lassen, dann ist die ganze Theorie der Dinge, Eigenschaften etc. überflüssig. Es ist auch gar zu auffällig, daß weder in den "Grundgesetzen" noch in den "Principia Mathematica" von dieser Theorie die Rede ist. Nochmals: denn die Logik muß für sich selbst sorgen. Ein *mögliches* Zeichen muß auch bezeichnen können. Alles, was überhaupt möglich ist, ist auch legitim (erlaubt). Erinnern wir uns an die Erklärung, warum "Sokrates ist Plato" unsinnig ist. Nämlich darum, weil *wir* eine willkürliche Bestimmung nicht getroffen haben, aber NICHT darum, weil das Zeichen an und für sich etwa illegitim sei!

2. 9. 14.

Wir müssen in einem gewissen Sinne uns nicht in der Logik irren können. Dies ist schon teilweise darin ausgedrückt: Die Logik muß für sich selbst sorgen. Dies ist eine ungemein tiefe und wichtige Erkenntnis.

Frege sagt: jeder rechtmäßig gebildete Satz muß einen Sinn haben, und ich sage: jeder mögliche Satz ist rechtmäßig gebildet, und wenn er keinen Sinn hat, so kann das nur daran liegen daß wir einigen seiner Bestandteilen keine Bedeutung *gegeben* haben. Wenn wir auch glauben, es getan zu haben.

3. 9. 14.

Wie ist es mit der Aufgabe der Philosophie vereinbar, daß die Logik für sich selbst sorgen soll? Wenn wir z. B. fragen: ist die und die Tatsache von der Subjekt-Prädikat Form, dann müssen wir doch wissen, was wir unter der "Subjekt-Prädikat Form" verstehen. Wir müssen wissen, *ob* es so eine Form überhaupt gibt. Wie können wir dies wissen? "Aus den Zeichen!" Aber wie? Wir haben ja gar keine *Zeichen* von dieser Form. Wir können zwar sagen: Wir haben Zeichen, die sich so benehmen, wie solche von der Subjekt-Prädikat Form, aber beweist das, daß es wirklich Tatsachen dieser Form geben muß? Nämlich: wenn diese vollständig analysiert sind. Und hier fragt es sich wieder: gibt es so eine vollständige Analyse? *Und wenn nicht*: Was ist denn dann die Aufgabe der Philosophie?!!?

Also können wir uns fragen: Gibt es die Subjekt-Prädikat Form? Gibt es die Relationsform? Gibt es überhaupt irgend eine der Formen, von denen Russell und ich immer gesprochen haben? (Russell würde sagen: "ja! denn das ist einleuchtend." *Jaha!*)

Also: wenn *alles*, was gezeigt werden braucht, durch die Existenz der Subjekt-Prädikat SÄTZE etc. gezeigt wird, dann ist die Aufgabe der Philosophie eine andere, als ich ursprünglich annahm. Wenn dem aber nicht so ist, so müßte das Fehlende durch eine Art Erfahrung gezeigt werden, und das halte ich für ausgeschlossen.

Die Unklarheit liegt *offenbar* in der Frage, worin eigentlich die logische Identität von Zeichen und Bezeichnetem besteht! Und diese Frage ist (*wieder*) eine Hauptansicht des ganzen philosophischen Problems.

Es sei eine Frage der Philosophie gegeben: etwa die, ob "A ist gut" ein Subjekt-Prädikat Satz sei; oder die, ob "A ist heller als B" ein Relations-Satz sei! *Wie läßt sich so eine Frage überhaupt entscheiden*?! Was für eine Evidenz kann mich darüber beruhigen, *daß – zum Beispiel – die* erste Frage bejaht werden muß? (Dies ist eine ungemein wichtige Frage.) Ist die einzige Evidenz hier wieder *jenes höchst zweifelhafte "Einleuchten"*?? Nehmen wir eine ganz ähnliche Frage, die aber einfacher und grundlegender ist; nämlich diese: ist ein Punkt in unserem Gesichtsbild ein *einfacher Gegenstand*, ein *Ding*? Solche Fragen habe ich doch bisher immer als die eigentlichen philosophischen angesehen – und sie sind es auch gewiß in einem Sinne – aber noch mals, welche Evidenz könnte so eine Frage überhaupt entscheiden? Ist hier nicht ein Fehler in der Fragestellung; denn es scheint als leuchtete mir über diese Frage *gar nichts* ein; es scheint als könnte ich mit Bestimmtheit sagen, daß diese Fragen überhaupt nie entschieden werden könnten.

4. 9. 14.

Wenn nicht die Existenz des Subjekt-Prädikat *Satzes* alles Nötige zeigt, dann könnte es doch nur die Existenz irgend einer besonderen Tatsache jener Form zeigen. Und die Kenntnis einer solchen kann nicht für die Logik wesentlich sein.

Gesetzt den Fall, wir hätten ein Zeichen, das *wirklich* von der Subjekt-Prädikat Form wäre, wäre dieses für den Ausdruck von Subjekt-Prädikat Sätzen irgendwie geeigneter als unsere Subjekt-Prädikat Sätze? Es scheint nein! Liegt das an der bezeichnenden Relation?

Wenn sich die Logik ohne die Beantwortung gewisser Fragen abschließen läßt, dann *muß sie ohne* sie abgeschlossen werden.

Die logische Identität von Zeichen und Bezeichnetem besteht darin, daß man im Zeichen nicht mehr und nicht weniger wiedererkennen darf als im Bezeichneten.

Wären Zeichen und Bezeichnetes *nicht* ihrem vollen logischen Inhalte nach identisch, dann müßte es noch etwas Fundamentaleres geben als die Logik.

5. 9. 14.

ϕa, ϕb, aRb = Def ϕ [aRb]

Erinnere dich, daß die Worte "Funktion", "Argument", "Satz" etc. in der Logik nicht vorkommen dürfen!

Von zwei Klassen zu sagen, sie seien identisch, sagt etwas. Von zwei Dingen dies zu sagen, sagt nichts; dies schon zeigt die Unzulässigkeit der Russellschen Definition.

6. 9. 14.

Der letzte Satz ist eigentlich nichts Anderes als der uralte Einwand gegen die Identität in der Mathematik. Nämlich der, daß wenn 2 × 2 wirklich *gleich* 4 wäre, daß dieser Satz dann nicht mehr sagen würde als a = a.

Könnte man sagen: Die Logik kümmert die Analysierbarkeit der Funktionen, mit denen sie arbeitet, *nicht.*

7. 9. 14.

Bedenke, daß auch ein unanalysierter Subjekt-Prädikat Satz etwas *ganz Bestimmtes* klar aussagt.

Kann man nicht sagen: Es kommt nicht darauf an, daß wir es mit nicht analysierbaren Subjekt-Prädikat Sätzen zu tun haben, sondern darauf, daß unsere Subjekt-Prädikat Sätze sich *in jeder* Beziehung so wie solche benehmen, d. h. also, daß die Logik *unserer* Subjekt-Prädikat Sätze dieselbe ist, wie die Logik jener anderen. Es kommt uns ja nur darauf an die Logik abzuschließen, und unser Haupteinwand gegen die nicht analysierten Subjekt-Prädikat Sätze war der, daß wir ihre Syntax nicht aufstellen können, solang wir ihre Analyse nicht kennen. Muß aber nicht die Logik eines scheinbaren Subjekt-Prädikat Satzes dieselbe sein wie die Logik eines wirklichen? Wenn eine Definition überhaupt möglich ist, die dem Satz die Subjekt-Prädikat Form gibt...?

8. 9. 14.

Das "Einleuchten", von dem Russell so viel sprach, kann nur dadurch in der Logik entbehrlich werden, daß die Sprache selbst jeden logischen Fehler verhindert. Und es ist klar, daß Jenes Einleuchten immer gänzlich trügerisch ist und war.

19. 9. 14.

Ein Satz wie "dieser Sessell ist braun" scheint etwas enorm Kompliziertes zu sagen, denn wollten wir diesen Satz so aussprechen, daß niemand gegen ihn Einwendungen, die aus seiner Vieldeutigkeit entspringen, machen könnte, so würde er endlos lang werden müssen.

20. 9. 14.

Daß der Satz ein logisches Abbild seiner Bedeutung ist, leuchtet dem unbefangenen Auge ein.

Gibt es Funktionen von Tatsachen? Z. B. "Es ist besser, wenn dies der Fall ist, als wenn jenes der Fall ist."

Worin besteht denn die Verbindung zwischen dem Zeichen p und den übrigen Zeichen des Satzes "Es ist gut, daß p der Fall ist ? Worin besteht diese Verbindung??

Der Unbefangene wird sagen: Offenbar in der räumlichen Beziehung des Buchstaben p zu den zwei Nachbarzeichen. Wenn aber die Tatsache "p" eine solche wäre, in welcher keine Dinge vorkommen??

"Es ist gut, *daß* p" kann wohl analysiert werden in "p . es ist gut, *wenn* p".

Wir setzen voraus: p sei NICHT *der Fall*: Was heißt es dann zu sagen, "es ist gut, daß p"? Wir können ganz offenbar sagen, der Sachverhalt p sei gut, ohne zu wissen ob "p" wahr oder falsch ist.

Der Ausdruck der Grammatik: "Ein Wort bezieht sich auf ein anderes" wird hier beleuchtet.

Es handelt sich in den obigen Fällen darum anzugeben, wie Sätze in sich zusammenhängen. Wie der *Satz-Verband* zustande kommt.

Wie kann sich eine Funktion *auf einen Satz beziehen*?? Immer die uralten Fragen!

Nur sich nicht von Fragen überhäufen lassen; nur es sich bequem machen!

"$\phi(\psi x)$": Nehmen wir an, uns sei eine Funktion eines Subjekt-Prädikat Satzes gegeben, und wir wollen die Art der Beziehung der Funktion zum Satz dadurch erklären, daß wir sagen: Die Funktion bezieht sich unmittelbar nur auf das Subjekt des Subjekt-Prädikat Satzes, und was bezeichnet, ist das logische Produkt aus dieser Beziehung und dem Subjekt-Prädikat Satzzeichen. Wenn wir das nun sagen, so könnte man fragen: wenn du den Satz so erklären kannst, warum erklärst du dann nicht auch seine Bedeutung auf die analoge Art und Weise? Nämlich "sie sei keine Funktion einer Subjekt-Prädikat Tatsache sondern das logische

Produkt einer solchen und einer Funktion ihres Subjektes"? Muß nicht der Einwand, der gegen diese Erklärung gilt, auch gegen jene gelten?

21. 9. 14.

Es scheint mir jetzt plötzlich in irgend einem Sinne klar, daß eine Eigenschaft eines Sachverhalts immer intern sein muß.

ϕa, ψb, aRb. Man könnte sagen, der Sachverhalt aRb habe er eine gewisse Eigenschaft, wenn die beiden ersten Satze wahr sind.

Wenn ich sage: Es ist gut, daß p der Fall ist, dann muß dies eben *in sich* gut sein.

Es scheint mir jetzt klar, daß es keine Funktionen von Sachverhalten geben kann.

23. 9. 14.

Man könnte fragen: wie kann der Sachverhalt p eine Eigenschaft haben, wenn es sich am Ende gar nicht so verhält?

24. 9. 14.

Die Frage, wie ist eine Zuordnung von Relationen möglich, ist identisch mit dem Wahrheits-Problem.

25. 9. 14.

Denn dies ist identisch mit der Frage, wie ist die Zuordnung von Sachverhalten möglich (einem bezeichnenden und einem bezeichneten).

Sie ist nur durch die Zuordnung der Bestandteile möglich; ein Beispiel bietet die Zuordnung von Name und Benanntem. (Und es ist klar, daß auch eine Zuordnung der Relationen auf irgend eine Weise stattfindet.)

| aRb | ; | a b | ; p = aRb Def

Hier wird ein einfaches Zeichen einem Sachverhalt zugeordnet.

26. 9. 14.

Worauf gründet sich unsere – sicher wohl begründete – Zuversicht, daß wir jeden beliebigen Sinn in unserer zweidimensionalen Schrift werden ausdrücken können?!

27. 9. 14.

Ein Satz kann seinen Sinn ja nur dadurch ausdrücken, daß er dessen logisches Abbild ist!

Auffallend ist die Ähnlichkeit zwischen den Zeichen

"aRb"
und "aσR . Rσb".

29. 9. 14.

Der allgemeine Begriff des Satzes führt auch einen ganz allgemeinen Begriff der Zuordnung von Satz und Sachverhalt mit Sich: Die Losung aller meiner Fragen muß *höchst* einfach sein!

Im Satz wird eine Welt probeweise zusammengestellt. (Wie wenn im Pariser Gerichtssaal ein Automobilunglück mit Puppen etc. dargestellt wird.)

Daraus muß sich (wenn ich nicht blind wäre) sofort das Wesen der Wahrheit ergeben.

Denken wir an hieroglyphische Schriften, bei denen jedes Wort seine Bedeutung darstellt! Denken wir daran, daß auch *wirkliche* Bilder von Sachverhalten *stimmen* und *nicht stimmen* können.

"": Wenn in diesem Bild der rechte Mann den Menschen A vorstellt, und bezeichnet der linke den Menschen B, so könnte etwa das ganze aussagen "A ficht mit B". Der Satz in Bilderschrift kann wahr und falsch sein. Er hat einen Sinn unabhängig von seiner Wahr- oder Falschheit. An ihm muß sich alles Wesentliche demonstrieren lassen.

Man kann sagen, wir haben zwar nicht die Gewißheit, daß wir alle Sachverhalte in Bildern aufs Papier bringen können, wohl aber die Gewißheit, daß wir alle *logischen* Eigenschaften der Sachverhalte in einer zweidimensionalen Schrift abbilden können.

Wir sind hier noch immer sehr an der Oberfläche, aber wohl auf einer guten Ader.

30. 9. 14.

Man kann sagen, in unserem Bilde stellt der Rechte etwas dar und auch der Linke, *aber* selbst wenn dies nicht der Fall wäre, so könnte ihre gegenseitige Stellung etwas darstellen. (Nämlich eine Beziehung.)

Ein Bild kann Beziehungen darstellen, die es nicht gibt!!! Wie ist dies möglich?

Jetzt scheint es wieder, als müßte alle Beziehungen logisch sein, damit ihre Existenz durch die des Zeichens verbürgt sei.

2. 10. 14.

Was in "aRb.bSc" a und c verbindet ist nicht das "." Zeichen sondern *das Vorkommen desselben Buchstabe* "b" in den beiden einfachen Sätzen.

Man kann geradezu sagen: statt, dieser Satz hat diesen und diesen Sinn: dieser Satz stellt diesen und diesen Sachverhalt dar!

Er bildet ihn logisch ab.

Nur so kann *der Satz* wahr oder falsch sein: nur dadurch kann er mit der Wirklichkeit übereinstimmen oder nicht übereinstimmen, daß er *ein Bild* eines Sachverhaltes ist.

3. 10. 14.

Nur in *soweit* ist der Satz ein Bild eines Sachverhalts, als er logisch gegliedert ist! (Ein einfaches – ungegliedertes – Zeichen kann weder wahr noch falsch sein.)

Der *Name* ist *kein* Bild des Benannten!

Der Satz *sagt nur insoweit etwas aus*, als er *ein Bild* ist!

Tautologien sagen nichts aus, sie sind nicht Bilder von Sachverhalten: Sie sind selber logisch vollkommen neutral. (Das logische Produkt einer Tautologie und eines Satzes sagt nicht mehr noch weniger aus als dieser allein.)

4. 10. 14.

Es ist klar daß in "xRy" das bezeichnende Element einer Relation enthalten sein kann, auch wenn "x" und "y" nichts bezeichnen. Und dann ist die Relation das einzige, was in jenem Zeichen bezeichnet wird.

Aber wie ist es dann möglich, daß in einem Code "Kilo" heißt: "es geht mir gut"? Hier sagt doch ein *einfaches Zeichen* etwas aus, und wird benützt, andern etwas mitzuteilen!!––

Kann denn in der vorigen Bedeutung das *Wort* "Kilo" nicht wahr oder falsch sein?!

5. 10. 14.

Jedenfalls kann man doch ein einfaches Zeichen dem Sinne eines Satzes zuordnen.––

Nur die Wirklichkeit interessiert die Logik. Also die Sätze NUR in soweit sie *Bilder* der Wirklichkeit sind.

Wie aber KANN *ein Wort* wahr oder falsch sein? Es kann jedenfalls nicht den *Gedanken* ausdrücken, der mit der Wirklichkeit übereinstimmt oder nicht übereinstimmt. Der muß doch gegliedert sein!

Ein Wort kann nicht wahr oder falsch sein in *dem* Sinne, daß es nicht mit der Wirklichkeit übereinstimmen kann, oder das Gegenteil.

6. 10. 14.

Der allgemeine Begriff zweier Komplexe, von denen der eine das logische Bild des andern sein kann, also in *einem* Sinne *ist.*

Die Übereinstimmung zweier Komplexe ist offenbar *intern* und kann daher nicht ausgedrückt sondern nur gezeigt werden.

"p" ist wahr, sagt nichts Anderes aus als p!

"'p' ist wahr" ist – nach dem obigen – nur ein Scheinsatz, wie alle jene Zeichenverbindungen die scheinbar etwas sagen was nur gezeigt werden kann.

7. 10. 14.

Wenn ein Satz ϕa gegeben ist, so sind mit ihm auch *schon* alle seine logischen Funktionen (~ϕa etc.) mitgegeben!

8. 10. 14.

Vollständige und unvollständige Abbildung eines Sachverhaltes. (Funktion und Argument wird durch Funktion und Argument abgebildet.)

Der Ausdruck "nicht mehr weiter zerlegbar" ist auch einer der mit "Funktion", "Ding" etc. auf dem Index stehenden; wie aber wird das *gezeigt*, was wir durch ihn ausdrücken wollen?

(Man kann natürlich weder von einem Ding noch von einem Komplex sagen, sie seien nicht mehr weiter zerlegbar.)

9. 10. 14.

Wenn es eine unmittelbare Zuordnung von Relationen gäbe, so wäre die Frage: wie sind dann die Dinge zu einander zugeordnet, die in diesen Relationen stehen? Gibt es eine direkte Zuordnung von Relationen ohne Rücksicht auf ihren *Sinn*?

Ob wir zu der Annahme von "Beziehungen zwischen Beziehungen" nicht nur irregeführt werden, durch die scheinbare Analogie zwischen den Ausdrücken:

"Beziehungen zwischen Dingen" und "Beziehungen zwischen Beziehungen"?

Ich mache bei allen diesen Überlegungen irgendwo irgend einen GRUNDLEGENDEN FEHLER.

Die Frage nach der Möglichkeit von Existenzsätzen steht nicht in der Mitte sondern am Uranfang der Logik.

Alle Probleme, die das "Axiom of Infinity" mit sich bringt, sind schon im Satze "(∃ x) x = x" zu lösen!

10. 10. 14.

Oft macht man eine Bemerkung und sieht erst später, *wie* wahr sie ist.

11. 10. 14.

Unsere Schwierigkeit liegt jetzt darin, daß in der Sprache allem Anscheine nach die Analysierbarkeit oder das Gegenteil nicht wiedergespiegelt wird. Das heißt: wir können, wie es scheint, aus der Sprache allein *nicht* entnehmen, ob es z. B. wirkliche Subjekt-Prädikat Tatsachen gibt oder nicht. Wie aber KÖNNTEN wir diese Tatsache oder ihr Gegenteil *ausdrücken*? *Dies muß gezeigt* werden!

Wie aber wenn wir uns um die Frage der Zerlegbarkeit gar nicht kümmerten? (Wir würden dann mit Zeichen arbeiten, die nichts bezeichnen, sondern nur durch ihre logischen Eigenschaften ausdrucken *helfen.)* Denn auch der unzerlegte Satz spiegelt ja logische Eigenschaften seiner Bedeutung wieder. Wie also, wenn wir sagten: daß ein Satz weiter zerlegbar ist, das zeigt sich, wenn wir ihn durch Definitionen weiter zerlegen, und wir arbeiten mit ihm in jedem Fall gerade so, als wäre er unanalysierbar.

Bedenke daß die "Sätze von den *unendlichen* Anzahlen" alle mit *endlichen* Zeichen dargestellt sind!

Aber brauchen wir – wenigstens nach Freges Methode – nicht hundert millionen Zeichen, um die Zahl 100.000.000 zu definieren? (Kommt es hier nicht darauf an, ob sie auf Klassen oder Dinge angewandt wird?)

Die Sätze, die von den unendlichen Zahlen handeln, können wie *alle* Sätze der Logik dadurch erhalten werden, daß man die Zeichen selber berechnet (denn es tritt zu den ursprünglichen Urzeichen ja an keiner

Stelle ein fremdes Element hinzu), also müssen auch hier die Zeichen alle logischen Eigenschaften des Dargestellten selber haben.

12. 10. 14.

Die triviale Tatsache, daß ein vollkommen analysierter Satz ebensoviel Namen enthält als seine Bedeutung Dinge, diese Tatsache ist ein Beispiel der allumfassenden Darstellung der Welt durch die Sprache.

Man müßte jetzt einmal genauer die Definitionen der Kardinalzahlen untersuchen, um den eigentlichen Sinn von Sätzen wie dem "Axiom of Infinity" zu verstehen.

13. 10. 14.

Die Logik sorgt für sich selbst; wir müssen ihr nur zusehen, wie sie es macht.

Betrachten wir den Satz: "Es gibt eine Klasse mit nur einem Glied". Oder, was auf dasselbe hinauskommt, den Satz:

$(\exists \phi):.(\exists x):\phi x:\phi y.\phi z.\supset_{y,z}.y = z$

Bei "(∃x)x = x" könnte man verstehen, daß er tautologisch sei, da er überhaupt nicht hingeschrieben werden könnte, wenn er falsch wäre, aber hier! *Dieser* Satz kann an Stelle des "Axiom of Infinity" untersucht werden!

Ich weiß, daß die folgenden Sätze, wie sie stehen, unsinnig sind: Kann man von den Zahlen reden, wenn es nur Dinge gibt? Wenn also z. B. die Welt nur aus einem Dinge bestünde und aus sonst nichts, könnte man sagen, es gäbe EIN Ding? Russell würde wahrscheinlich sagen: wenn es ein Ding gibt, dann gibt es auch die Funktion $(\exists x)\hat{\xi} = x$. Aber!--

Wenn es diese Funktion nicht tut, dann kann von der 1 nur die Rede sein, wenn es eine materielle Funktion gibt, die nur von einem Argument befriedigt wird.

Wie verhält es sich mit Sätzen wie:

(∃ϕ).(∃x).ϕx
und: (∃ϕ).(∃x).~ϕx.

Ist einer von diesen eine Tautologie? Sind dies Sätze einer Wissenschaft d. h., sind dies überhaupt *Sätze*?

Erinnern wir uns aber, daß die *Variable* und *nicht* die Allgemeinheitsbezeichnung die Logik charakterisiert!

14. 10. 14.

Gibt es denn eine Wissenschaft der vollständig verallgemeinerten Sätze? Dies klingt höchst unwahrscheinlich.

Das ist klar: Wenn es völlig verallgemeinerte *Sätze* gibt, dann hängt ihr Sinn von keiner willkürlichen Zeichengebung mehr ab! Dann aber kann eine solche Zeichenverbindung die Welt nur durch ihre eigenen logischen Eigenschaften darstellen d. h., sie kann nicht falsch, und nicht wahr sein. Also gibt es keine vollständig verallgemeinerten SÄTZE. Aber jetzt die Anwendung!

Nun aber die Sätze: "(∃ϕ,x). ϕx"

und "~(∃ϕ,x). ϕx".

Welcher von ihnen ist tautologisch, welcher kontradiktorisch?

Immer wieder entsteht das Bedürfnis nach einer vergleichenden Zusammenstellung von Sätzen, die in internen Beziehungen stehen. Man könnte zu diesem Buch geradezu Bildertafeln anlegen.

(Die Tautologie *zeigt*, was sie zu *sagen* schein, die Kontradiktion zeigt *das Gegenteil* von dem, was sie zu sagen scheint.)

Es ist klar, daß wir alle überhaupt möglichen völlig allgemeinen Sätze bilden können sobald uns nur *eine Sprache* gegeben ist. Und darum ist es doch kaum zu glauben, daß solche Zeichenverbindungen wirklich etwas über die Welt aussagen sollten. -- Andererseits aber dieser graduelle Übergang vom elementaren Satz zum völlig allgemeinen!!

Man kann sagen: die völlig allgemeinen Sätze kann man alle *a priori* bilden.

15. 10. 14

Es scheint doch, als könnte die bloße Existenz der in "(∃x,ϕ). ϕx" enthaltenen Formen die Wahr- oder Falschheit dieses Satzes *allein nicht* bestimmen! Es scheint also nicht *undenkbar*, daß, z. B., die Verneinung keines Elementarsatzes wahr sei. Aber würde diese Aussage nicht schon den SINN *der Verneinung* betreffen?

Offenbar können wir jeden ganz allgemeinen Satz auffassen als die Bejahung oder Verneinung der Existenz irgend einer Art von Tatsachen. Aber gilt dies nicht von allen Sätzen?

Jede Zeichenverbindung, die etwas über ihren eigen Sinn auszusagen scheint, ist ein Scheinsatz (wie alle Sätze der Logik).

Der Satz soll einen Sachverhalt logisch vorbilden. Das kann er aber doch nur dadurch, daß seinen Elementen willkürlich Gegenstände zugeordnet wurden. Wenn dies nun im ganz allgemeinen Satz nicht der Fall ist, so ist nicht einzusehen, wie er etwas außerhalb ihm darstellen soll.

Im Satze stellen wir – sozusagen – *zur Probe* die Dinge zusammen, wie sie sich in Wirklichkeit aber *nicht* zu verhalten brauchen, wir können aber nicht etwas *Unlogisches* zusammenstellen, denn dazu müßten wir in der Sprache aus der Logik heraus können. – Wenn aber der ganz allgemeine Satz *nur* "*logische* Konstante" enthält, so kann er für uns nicht mehr sein als – einfach – ein logisches Gebilde, und kann nicht mehr tun als uns seine eigenen logischen Eigenschaften zu zeigen. –– Wenn es ganz allgemeine Sätze gibt, – *was* stellen wir in ihnen probeweise zusammen??

Wenn man sich vor der Wahrheit fürchtet (wie ich jetzt), so ahnt man nie die *volle* Wahrheit.

Ich habe hier die Beziehungen der Satz-Elemente zu ihren Bedeutungen gleichsam als Fühler betrachtet, durch welche der Satz mit der Außenwelt in Berührung steht; und das Verallgemeinern eines Satzes gleicht dann dem Einziehen der Fühler; bis endlich der ganz allgemeine Satz ganz isoliert ist. Aber stimmt dieses Bild? (Ziehe ich wirklich einen Fühler ein, wenn ich statt ϕa, $(\exists x).\phi x$ sage?)

16. 10. 14.

Nun scheint es aber als sprächen genau dieselben Gründe, die ich aufführte, um zu zeigen, daß "$(\exists x,\phi).\phi x$" nicht falsch sein *könne*, als sprächen diese Gründe auch dafür, daß "$\sim(\exists x,\phi).\phi x$ nicht falsch sein könne; und hier zeigt sich ein grundlegender Fehler. Denn es ist gar nicht einzusehen, warum gerade der erste Satz und nicht der zweite eine Tautologie sein soll. Vergiß doch nicht, daß auch die Kontradiktion "p.~p" etc. etc. nicht wahr sein kann und doch selbst ein logisches Gebilde ist.

Angenommen, daß keine Verneinung eines Elementarsatze wahr ist, hat in diesem Falle "Verneinung" nicht einen anderen Sinn als im entgegengesetzten Falle?

"(∃ϕ):(x).ϕx" – von diesem Satz scheint es fast gewiß, daß er weder eine Tautologie noch eine Kontradiktion ist. Hier spitzt sich das Problem unerhört zu.

17. 10. 14.

Wenn es ganz allgemeine Sätze gibt, so scheint es also, als wären solche Sätze probeweise Zusammenstellungen "logischer Konstanten". (!)

Kann man denn aber nicht die ganze Welt vollständig mit ganz allgemeinen Sätzen beschreiben? (Das Problem zeigt sich von allen Seiten.)

Ja, man könnte die Welt vollständig durch ganz allgemeine Sätze beschreiben, also ganz ohne irgend einen Namen oder sonst ein bezeichnendes Zeichen zu verwenden. Und um auf die gewöhnliche Sprache zu kommen, brauchte man Namen etc. nur dadurch einzuführen, indem man nach einem "(∃x)" sagte "und dieses x ist A" u.s.w.

Man kann also ein Bild der Welt entwerfen, ohne zu sagen, was was darstellt.

Nehmen wir z. B. an, die Welt bestünde aus den Dingen A und B und der Eigenschaft F, und es wäre F(A) der Fall und nicht F(B). Diese Welt könnten wir auch durch die folgenden Sätze beschreiben:

$(\exists x,y).(\exists\phi).x \neq y.\phi x.\sim\phi y:\phi u.\phi z. \supset_{u,z}.u = z$
$(\exists\phi).(\psi).\psi = \phi$
$(\exists x,y).(z).z = x \vee z = y$

Und hier braucht man auch Sätze von der Art der letzten zwei, um die Gegenstände identifizieren zu können.

Aus alledem folgt natürlich, daß es *ganz allgemeine Sätze gibt*!

Genügt oben nicht der erste Satz $(\exists x,y,\phi)\phi x.\sim\phi y.x \neq y$? Die Schwierigkeit der Identifizierung kann man dadurch wegschaffen, indem man die ganze Welt in *einem* allgemeinen Satz beschreibt, welcher anfängt: "$(\exists x,y,z \ldots \phi,\psi \ldots R,S \ldots)$" und nun folgt ein logisches Produkt, etc.

Wenn wir sagen "ϕ ist eine Einheitsfunktion und $(x).\phi x$", so heißt das soviel wie: "es gibt nur ein Ding"! (Wir sind hiermit *scheinbar* um den Satz "$(\exists x)(y).y = x$" herumgekommen.)

18. 10. 14.

Mein Fehler liegt offenbar in einer falschen Auffassung der logischen Abbildung durch den Satz.

Eine Aussage kann nicht den logischen Bau der Welt betreffen, denn damit eine Aussage überhaupt möglich sei, damit ein Satz SINN haben KANN, muß die Welt schon den logischen Bau haben, den sie eben hat. Die Logik der Welt ist aller Wahr- und Falschheit primär.

Beiläufig gesprochen: bevor irgend ein Satz überhaupt Sinn haben kann, müssen die logischen Konstanten Bedeutung haben.

19. 10. 14.

Die Beschreibung der Welt durch Sätze ist nur dadurch möglich, daß das Bezeichnete nicht sein eigenes Zeichen ist! Anwendung –.

Beleuchtung von Kants Frage "Wie ist reine Mathematik möglich?" durch die Theorie der Tautologien!

Es leuchtet ein, daß man den Bau der Welt ohne irgend welche *Namen* zu *nennen* beschreiben können muß.

20. 10. 14.

Aus dem Satz muß man den logischen Bau des Sachverhaltes ersehen, der ihn wahr oder falsch macht. (Wie ein Bild zeigen muß, in welchen räumlichen Beziehungen die darauf wiedergegebenen Dinge stehen müssen, wenn das Bild richtig (wahr) ist.)

Die Form eines Bildes könnte man dasjenige nennen, worin das Bild mit der Wirklichkeit stimmen MUSS (um sie überhaupt abbilden zu können).

Die Theorie der logischen Abbildung durch die Sprache gibt als erste einen Aufschluß über das Wesen der Wahrheits-Beziehung.

Die Theorie der logischen Abbildung durch die Sprache sagt – ganz allgemein: Damit es möglich ist, daß ein Satz wahr oder falsch sei – daß er mit der Wirklichkeit übereinstimme oder nicht – dazu muß im Satze etwas mit der Wirklichkeit *identisch* sein.

Das was in "~p" verneint, ist nicht das "~" vor dem "p" sondern dasjenige, was allen Zeichen, die in dieser Notation mit "~p" gleichbedeutend sind, gemeinsam ist; also das Gemeinsame von

$$\left.\begin{array}{c}\sim p\\ \sim\sim\sim p\\ \sim p\vee\sim p\\ \sim p.\sim p\\ \text{etc. etc.}\end{array}\right\}\text{ und dasselbe gilt für die Allgemeinheitsbezeichnung etc.}$$

Scheinsätze sind solche, die, wenn analysiert, das, was sie *sagen* sollten, doch nur wieder *zeigen*.

Das Gefühl, daß der Satz einen Komplex auf die Art der Russellschen Beschreibungen beschreibe, rechtfertigt sich jetzt: Der Satz beschreibt den Komplex durch seine logischen Eigenschaften.

Der Satz konstruiert eine Welt mit Hilfe seines logischen Gerüstes, und darum kann man am Satz auch sehen, wie sich alles Logische verhielte, wenn er wahr wäre: man kann aus einem falschen Satz *Schlüsse ziehen* etc. (So kann ich sehen daß, wenn "(x,ϕ).ϕx" wahr wäre, dieser Satz im Widerspruch stünde mit einem Satze "ψa".)

Daß sich von materiellen Sätzen auf ganz allgemeine Sätze schließen läßt – daß diese zu jenen in *bedeutungsvollen* internen Beziehungen stehen können – zeigt, daß die ganz allgemeinen Sätze logische Konstruktionen von Sachverhalten sind.

21. 10. 14.

Ist die Russellsche Definition der Null nicht unsinnig? Kann man von einer Klasse $\hat{x}(x \neq x)$ überhaupt reden? – Kann man denn von einer Klasse $\hat{x}(x = x)$ reden? Ist denn x ≠ x oder x = x eine Funktion von x?? –

Muß nicht die Null definiert werden durch die *Hypothese* (∃ϕ):(x)~ϕx? Und Analoges würde von allen anderen Zahlen gelten. Dies nun wirft ein Licht auf die ganze Frage nach der Existenz von Anzahlen von Dingen.

$$0 = \hat{\alpha}\{(\exists\phi) : (x) \sim \phi x . \alpha = \hat{u}(\phi u)\} \text{ Def.}$$

$$1 = \hat{\alpha}\{(\exists\phi) :: (\exists x) . \phi x : \phi y . \phi z . \supset_{y,z} y = z : \alpha = \hat{u}(\phi u)\} \text{ Def.}$$

(Das Gleichheitszeichen in der geschweiften Klammer könnte man *vermeiden*, wenn man schriebe

$$0 = \widehat{\hat{u}(\phi u)}\{(x) \sim \phi x\}$$.)

Der Satz muß die *Möglichhit seiner Wahrheit enthalten* (und so zeigen). Aber nicht mehr als die *Möglichkeit.*

Nach meiner Definition der Klassen ist $(x) . \sim \hat{x}(\phi x)$ die Aussage, daß $\hat{x}(\phi x)$ null ist, und die Definition der Null ist dann $0 = \hat{\alpha}[(x) . \sim \alpha]$ Def.

Ich dachte, die Möglichkeit der Wahrheit eines Satzes ϕ(a) ist an die Tatsache (∃x,ϕ).ϕx gebunden: Aber es ist nicht einzusehen, warum ϕa nur dann möglich sein soll, wenn es einen anderen Satz derselben Form gibt. ϕa braucht doch keinen Präzedenzfall. (Denn angenommen, es gäbe nur die beiden Elementarsätze "ϕa" und "ψa" und "ϕa" sei falsch: warum soll dieser Satz nur dann einen Sinn haben, wenn "ψa" wahr ist?!)

22. 10. 14.

Im Satz muß etwas mit seiner Bedeutung identisch sein, der Satz darf aber nicht mit seiner Bedeutung identisch sein, also muß etwas in ihm mit seiner Bedeutung *nicht* identisch sein. (Der Satz ist ein Gebilde mit den logischen Zügen des Dargestellten und mit noch anderen Zügen, diese nun werden willkürlich sein und in verschiedene Zeichensprachen verschieden.) Es muß also verschiedene Gebilde mit denselben logischen Zügen geben; das Dargestellte wird eines von diesen sein, und es wird sich bei der Darstellung darum handeln, dieses von anderen Gebilden mit denselben logischen Zügen zu unterscheiden (da ja sonst die Darstellung nicht eindeutig wäre). Dieser Teil der Darstellung (die Namengebung) muß nun durch willkürliche Bestimmungen geschehen. Es muß darnach also jeder Satz Züge mit willkürlich bestimmten Bedeutungen enthalten.

Versucht man dies auf die ganz allgemeinen Sätze anzuwenden so scheint es, daß darin irgend ein grundlegender Fehler ist.

Die Allgemeinheit des ganz allgemeinen Satzes ist die zufällige. Er handelt von allen Dingen, die es zufälligerweise gibt. Und darum ist er ein materieller Satz.

23. 10. 14.

Einerseits scheint meine Theorie der logischen Abbildung die einzig mögliche, andererseits scheint in ihr ein unlöslicher Widerspruch zu sein!

Wenn der ganz allgemeine Satz nicht ganz entmaterialisiert ist so wird ein Satz durch die Verallgemeinerung wohl überhaupt nicht entmaterialisiert, wie ich glaubte.

Ob ich von einem bestimmten Ding oder von allen Dingen, die es gibt, etwas aussage, die Aussage ist gleich materiell.

"Alle Dinge", das ist sozusagen eine Beschreibung statt "a und b und c".

Wie, wenn unsere Zeichen ebenso unbestimmt wären, wie die Welt, welche sie spiegeln?

Um das Zeichen im Zeichen zu erkennen, muß man auf den Gebrauch achten.

Wollten wir dasjenige, welches wir durch "$(x).\phi x$" ausdrücken, durch das Vorsetzen eines Index vor "ϕx" ausdrücken, etwa so "Alg. ϕx", es würde nicht genügen (wir wüßten nicht, was verallgemeinert wurde).

Wollten wir es durch einen Index am "x" anzeigen, etwa so $\phi(x_A)$, es würde auch nicht genügen (wir wüßten auf diese Weise nicht den Bereich der Allgemeinheit).

Wollten wir es durch Einfüllen einer Marke in die leeren Argumentstellen versuchen, etwa so "$(A, A).\psi(A, A)$", es würde nicht genügen (wir könnten die Identität der Variablen nicht feststellen).

Alle diese Bezeichnungsweisen genügen nicht, *weil sie nicht die notwendigen logischen Eigenschaften haben.* Alle jene Zeichenverbindungen vermögen den gewünschten Sinn – auf die vorgeschlagene Weise – nicht abzubilden.

24. 10. 14.

Um überhaupt eine Aussage machen zu können, müssen wir – in einem Sinne – wissen, wie es sich verhält, wenn die Aussage wahr ist (und dies bilden wir eben ab).

Der Satz *drückt aus,* was ich nicht weiß, was ich aber doch wissen muß, um ihn überhaupt aussagen zu können, das *zeige ich in ihm.*

Die Definition ist eine Tautologie und zeigt interne Relationen zwischen ihren beiden Gliedern!

25. 10. 14.

Warum aber untersuchst du nie ein einzelnes spezielles Zeichen auf die Art und Weise hin, wie es logisch abbildet?

Der vollkommen analysierte Satz muß seine Bedeutung vorstellen.

Man könnte auch sagen, unsere Schwierigkeit läuft da hinaus, daß der ganz allgemeine Satz nicht zusammengesetzt zu sein scheint. --

Er scheint nicht, wie alle anderen Sätze, aus willkürlich bezeichnenden Bestandteilen zu bestehen, die in einer logischen Form vereinigt sind. Er scheint keine Form zu HABEN, sondern selbst eine in sich abgeschlossene Form zu sein.

Man braucht bei den logischen Konstanten nie nach ihrer Existenz zu fragen, sie können ja auch *verschwinden*!

Warum soll "$\phi(\hat{x})$" nicht vorstellen, wie $(x).\phi x$ ist? Kommt es da nicht *nur* darauf an, *wie* – auf welche Art und Weise – jenes Zeichen etwas vorstellt?

Angenommen, ich wollte vier Paare kämpfender Männer darstellen, könnte ich es nicht so machen, daß ich nur eines darstelle und sage: "So sehen alle viere aus"? (Durch diesen Nachsatz bestimme ich die Art und Weise der Darstellung.) (Ähnlich stelle ich $(x).\phi x$ durch "$\phi(\hat{x})$" dar.)

Bedenke aber, daß es keine hypothetischen internen Beziehungen gibt. Ist eine Struktur gegeben und eine strukturelle Beziehung an ihr, dann muß es eine andere Struktur geben, die jene Beziehung zu der ersten hat. (Dies liegt ja im Wesen der strukturellen Beziehungen.)

Und dies spricht für die Richtigkeit der obigen Bemerkung, sie wird hierdurch zu keiner – Ausflucht.

26. 10. 14.

Es scheint also, als wäre nicht die logische *Identität* von Zeichen und Bezeichnetem nötig, sondern nur *eine* interne, *logische* Relation zwischen beiden. (Das Bestehen einer solchen schließt in gewissem Sinne das Bestehen einer Art grundlegender – interner – Identität mit ein.)

Es handelt sich ja nur darum, daß das Logische des Bezeichneten durch das Logische des Zeichens und der Bezeichnungsweise allein vollständig bestimmt ist. Man könnte sagen: Zeichen und Bezeichnungsweise *zusammen* müssen mit dem Bezeichneten logisch identisch sein.

Der Sinn des Satzes ist das, was er vorstellt.

27. 10. 14.

"x = y" ist *keine* Satzform. (Folgen.)

Es ist ja klar, daß "aRa" gleichbedeutend wäre mit "aRb.a = b". Man kann also den Scheinsatz "a = b" durch eine ganz analysierte Notation zum Verschwinden bringen. Bester Beweis für die Richtigkeit der obigen Bemerkung.

Die Schwierigkeit vor meiner Theorie der logischen Abbildung war die, einen Zusammenhang zwischen den Zeichen auf Papier und einem Sachverhalt draußen in der Welt zu finden.

Ich sagte immer, die Wahrheit ist eine Beziehung zwischen dem Satz und dem Sachverhalt, konnte aber niemals eine solche Beziehung ausfindig machen.

Die Darstellung der Welt durch ganz allgemeine Sätze könnte man die unpersönliche Darstellung der Welt nennen.

Wie geschieht die unpersönliche Darstellung der Welt?

Der Satz ist ein Modell der Wirklichkeit, so wie wir sie uns denken.

28. 10. 14.

Was der Scheinsatz "es gibt n Dinge" ausdrücken will, zeigt sich in der Sprache durch das Vorhandensein von n Eigennamen mit verschiedener Bedeutung. (Etc.)

Das, was die ganz allgemeinen Sätze beschreiben, sind allerdings in gewissem Sinne strukturelle Eigenschaften der Welt. Dennoch können diese Sätze noch immer wahr oder falsch sein. Auch nachdem sie *Sinn haben*, bleibt der Welt noch immer jener Spielraum.

Schließlich verändert ja die Wahr- oder Falschheit *jedes* Satzes etwas an der allgemeinen *Struktur* der Welt. Und der Spielraum, der ihrer Struktur durch die GESAMTHEIT aller Elementarsätze gelassen wird, ist eben derjenige, welchen die ganz allgemeinen Sätze begrenzen.

29. 10. 14.

Denn, wenn ein Elementarsatz wahr ist, so ist doch jedenfalls *ein* Elementarsatz *mehr*.

Damit ein Satz wahr sei, muß er vor allem wahr sein *können*, und nur das geht die Logik etwas an.

Der Satz muß zeigen, was er sagen will. – Er muß sich zu seiner Bedeutung ähnlich verhalten, wie eine Beschreibung zu ihrem Gegenstand.

Die logische Form des Sachverhaltes aber, läßt sich nicht beschreiben. ––

Die interne Relation zwischen dem Satz und seiner Bedeutung, die Bezeichnungsweise – ist das System von Koordinaten, das den Sachverhalt in dem Satz abbildet. Der Satz entspricht den Grundkoordinaten.

Man könnte zwei Koordinaten a_P und b_P als einen Satz auffassen der aussagt, der materielle Punkt P befinde sich im Ort (ab). Und damit diese Aussage möglich sei, müssen also die Koordinaten a und b wirklich einen Ort bestimmen. Damit eine Aussage möglich ist, müssen die logischen Koordinaten wirklich einen logischen Ort bestimmen!

(Der Gegenstand, von welchem die allgemeinen Sätze handeln, ist recht eigentlich die Welt; die in ihnen durch eine logische Beschreibung eintritt. – Und darum kommt die Welt eigentlich doch nicht in ihnen vor, so wie ja auch der Gegenstand der Beschreibung nicht in dieser vorkommt.)

Daß in gewissem Sinne die logische Form von p vorhanden sein muß, auch wenn p nicht der Fall ist, das zeigt sich symbolisch dadurch, daß "p" in "~p" vorkommt.

Die Schwierigkeit ist die: wie kann es die Form von p geben, wenn es keinen Sachverhalt dieser Form gibt. Und worin besteht diese Form dann eigentlich?!

Analytische *Sätze* gibt es nicht.

30. 10. 14.

Könnte man sagen : in "~ϕ(x)" stellt "ϕ(x)" vor, wie es sich *nicht* verhält?

Man könnte auch auf einem Bild eine negative Tatsache darstellen, indem man darstellt, was *nicht* der Fall ist.

Wenn wir aber diese Darstellungsmethoden einräumen, was ist dann eigentlich charakteristisch für die Beziehung des *Darstellens*?

Kann man nicht sagen: Es gibt eben verschiedene logische Koordinatensysteme!

Es gibt eben verschiedene Darstellungsweisen, auch durch das Bild, und das Darstellende ist nicht nur das Zeichen oder Bild, sondern auch die Methode der Darstellung. *Aller Darstellung ist gemeinsam, daß sie stimmen oder nicht stimmen, wahr oder falsch sein kann.*

Denn, Bild *und Darstellungsweise* sind ganz außerhalb des Dargestellten!

Beide zusammen sind wahr oder falsch, nämlich *das Bild auf eine bestimmte Art und Weise.* (Dies gilt natürlich auch vom Elementarsatz.)

Jeder Satz kann verneint werden. Und das zeigt, daß für alle Sätze "Wahr" und "Falsch" dasselbe bedeuten. (Dies ist von allerhöchster Wichtigkeit.) (Im Gegensatz zu Russell.)

Die Bedeutung des Satzes muß durch *ihn und seine Darstellungsweise* auf ja oder nein fixiert sein.

In der Logik gibt es kein Nebeneinander, kann es keine Klassifikation geben!

31. 10. 14.

Ein Satz wie "(∃x,ϕ).ϕx" ist gerade so gut zusammengesetzt wie ein elementarer; dies zeigt sich darin, daß wir in der Klammer "ϕ" und "x" *extra* erwähnen müssen. Beide stehen – unabhängig – in bezeichnenden Beziehungen zur Welt, gerade wie im Falle eines Elementarsatzes "ψa".

Verhält es sich nicht so: Die logischen Konstanten charakterisieren die Darstellungsweise der Elementarformen des Satzes?

Die Bedeutung des Satzes muß durch ihn und seine Darstellungsweise auf ja oder nein fixiert sein. Dazu muß sie durch ihn vollständig beschrieben sein.

Die Darstellungsweise bildet *nicht* ab; nur der Satz ist Bild.

Die Darstellungsweise bestimmt, wie die Wirklichkeit mit dem Bild verglichen werden muß.

Vor allem muß die Elementarsatzform abbilden, alle Abbildung geschieht durch diese.

1. 11. 14.

Sehr nahe liegt die Verwechslung zwischen der darstellenden Beziehung des Satzes zu seiner Bedeutung und der Wahrheitsbeziehung. Jene ist für verschiedene Sätze verschieden, diese ist eine und für alle Sätze die Gleiche.

Es scheint als wäre "$(x,\phi).\phi x$" die Form einer Tatsache $\phi a.\psi b.\theta c$ etc. (Ähnlich wäre $(\exists x).\phi x$ die Form von ϕa, wie ich auch wirklich glaubte.)

Und hier muß eben mein Fehler liegen.

Untersuche doch den Elementarsatz: welches ist denn die Form von "ϕa" und wie verhält sie sich zu "$\sim\phi a$".

Jener Präzedenzfall, auf den man sich immer berufen möchte, muß schon im Zeichen selber liegen.

Die logische Form des Satzes muß schon durch die Formen seiner Bestandteile gegeben sein. (Und diese haben nur mit dem *Sinn* der Sätze, nicht mit ihrer Wahr- und Falschheit zu tun.)

In der Form des Subjekts und des Prädikats liegt schon die Möglichkeit des Subjekt-Prädikat Satzes etc.; aber – wie billig – nichts über seine Wahr- oder Falschheit.

Das Bild hat die Relation zur Wirklichkeit, die es nun einmal hat. Und es kommt darauf an: wie soll es darstellen. Dasselbe Bild wird mit der Wirklichkeit übereinstimmen oder nicht übereinstimmen je nachdem, wie es darstellen soll.

Analogie zwischen Satz und Beschreibung: *Der Komplex, welcher* mit diesem Zeichen kongruent ist. (Genau so in der graphischen Darstellung.)

Nur kann man eben nicht *sagen*, dieser Komplex ist mit jenem kongruent (oder dergleichen), sondern dies zeigt sich. Und daher nimmt auch die Beschreibung einen anderen Charakter an.

Es muß ja die Abbildungsmethode vollkommen bestimmt sein ehe man überhaupt die Wirklichkeit mit dem Satze vergleichen kann, um zu sehen, ob er wahr oder falsch ist. Die Vergleichsmethode muß mir gegeben sein, ehe ich vergleichen kann.

Ob ein Satz wahr oder falsch ist, muß sich zeigen.

Wir müssen aber im voraus wissen, *wie* es sich zeigen wird.

Daß zwei Leute nicht kämpfen, kann man darstellen indem man sie nicht kämpfend darstellt und auch so, indem man sie kämpfend darstellt und sagt, das Bild zeige, wie es sich *nicht* verhält. Man *konnte* mit negativen Tatsachen ebensogut darstellen wie mit positiven –. Wir aber wollen bloß die Principe der Darstellung *überhaupt* untersuchen.

Der Satz "'p' ist wahr" ist gleichbedeutend mit dem logischen Produkt von 'p' und einen Satz "'p'", der den Satz 'p' beschreibt, und einer Zuordnung der Bestandteile der beiden Sätze. – Die internen Beziehungen von Satz und Bedeutung werden durch die internen Beziehungen zwischen 'p' und "'p'" abgebildet. (Schlechte Bemerkung.)

Nur sich nicht in Teilfragen verstricken, sondern immer dort hinaus flüchten, wo man freien Überblick über das ganze *eine* große Problem hat, wenn auch dieser Überblick noch unklar ist!

"Ein Sachverhalt ist denkbar" ("vorstellbar") heißt: Wir können uns ein Bild von ihm machen.

Der Satz muß einen logischen Ort bestimmen.

Die Existenz dieses logischen Orts ist durch die Existenz der Bestandteile allein verbürgt, durch die Existenz des sinnvollen Satzes. Wenn auch kein Komplex in dem logischen Ort ist, so ist doch Einer: nicht in dem logischen Ort.

2. 11. 14.

In der Tautologie heben die Bedingungen der Übereinstimmung mit der Welt (die Wahrheitsbedingungen) – die darstellenden Beziehungen – einander auf, sodaß sie in keiner darstellenden Beziehung zur Wirklichkeit steht (nichts sagt.).

a = a ist nicht in demselben Sinne eine Tautologie wie p ⊃ p. Daß ein Satz wahr ist, besteht nicht darin, daß er eine *bestimmte* Beziehung zur Wirklichkeit hat, sondern darin, daß er zu ihr eine bestimmte Beziehung wirklich *hat.*

Verhält es sich nicht so: Der falsche Satz hat, wie der wahre und unabhängig von seiner Falsch- oder Wahrheit, einen Sinn, aber keine Bedeutung? (Ist hier nicht ein besserer Gebrauch des Wortes "Bedeutung"?)

Könnte man sagen: sobald mir Subjekt und Prädikat gegeben sind, so ist mir eine Relation gegeben, die zwischen einem Subjekt-Prädikat Satz und seiner Bedeutung bestehen oder nicht *bestehen* wird. Sobald ich nur Subjekt und Prädikat kenne, kann ich auch um jene Relation wissen, die ja auch für den Fall, daß der Subjekt-Prädikat Satz falsch ist, eine unumgängliche Voraussetzung ist.

3. 11. 14.

Damit es den negativen Sachverhalt geben kann, muß es das Bild des positiven geben.

Die Kenntnis der darstellenden Relation *darf* sich ja auch nur auf die Kenntnis der Bestandteile des Sachverhalts gründen!

Könnte man also sagen: Die Kenntnis des Subjekt-Prädikat Satzes und von Subjekt und Prädikat gibt uns die Kenntnis einer internen Relation etc.?

Auch dies ist streng genommen nicht richtig, da wir kein bestimmtes Subjekt oder Prädikat zu kennen brauchen.

Offenbar, daß wir den Elementarsatz als das Bild eines Sachverhalts empfinden. – Wie geht das zu?

Muß nicht die Möglichkeit der darstellenden Beziehung durch den Satz *selbst* gegeben sein?

Der Satz *selber* scheidet das mit ihm Kongruierende von dem nicht Kongruierenden.

Zum Beispiel: ist also der Satz gegeben und Kongruenz, dann ist der Satz wahr, wenn der Sachverhalt mit ihm kongruent IST, oder es sind gegeben der Satz und Nicht-Kongruenz, dann ist der Satz wahr, wenn der Sachverhalt mit ihm nicht kongruent ist.

Wie aber wird uns die Kongruenz oder Nicht-Kongruenz oder dergleichen gegeben?

Wie kann mir *mitgeteilt* werden, *wie* der Satz darstellt? Oder kann mir das überhaupt nicht *gesagt* werden? Und wenn dem so ist, kann ich es "*wissen*"? Wenn es mir gesagt werden sollte, so müßte dies durch einen Satz geschehen; der könnte es aber nur zeigen.

Was gesagt werden kann, kann mir durch einen Satz gesagt werden, also kann nichts, was zum Verständnis *aller* Sätze nötig ist, gesagt werden.

Jene willkürliche Zuordnung von Zeichen und Bezeichnetem, die die Möglichkeit der Sätze bedingt, und die ich in den ganz allgemeinen Sätzen vermißte, geschieht dort durch die Allgemeinheitsbezeichnung geradeso wie beim Elementarsatz durch Namen (denn die Allgemeinheitsbezeichnung gehört nicht zum *Bild*). Daher empfand man auch immer, daß die Allgemeinheit ganz wie ein Argument auftritt.

Verneinen kann man nur einen fertigen Satz. (Ähnliches gilt von allen ab-Funktionen.)

Der Satz ist das logische Bild eines Sachverhaltes.

Die Verneinung bezieht sich auf den *fertigen* Sinn des verneinten Satzes und nicht auf dessen Darstellungsweise.

Wenn ein Bild auf die vorhin erwähnte Weise darstellt was-nicht-der-Fall-ist, so geschieht dies auch nur dadurch, daß es *dasjenige* darstellt, das nicht der Fall *ist*.

Denn das Bild sagt gleichsam: "*so* ist es *nicht*", und auf die Frage "*wie* ist es nicht?" ist eben die Antwort der positive Satz.

Man könnte sagen: Die Verneinung bezieht sich schon auf den logischen Ort, den der verneinte Satz bestimmt.

Nur den festen Grund, auf dem man einmal gestanden ist, nicht verlieren!

Der verneinende Satz bestimmt einen *anderen* logischen Ort als der verneinte.

Der verneinte Satz zieht nicht nur die Grenzlinie zwischen dem verneinten Gebiet und dem übrigen, sondern er deutet auch schon auf das verneinte Gebiet.

Der verneinende Satz bestimmt seinen logischen Ort mit Hilfe des logischen Ortes des verneinten Satzes. Indem er jenen als den außerhalb diesem liegenden beschreibt.

Der Satz ist wahr, wenn es das gibt, was er vorstellt.

4. 11. 14.

Wie bestimmt der Satz den logischen Ort?

Wie repräsentiert das Bild einen Sachverhalt?

Selbst ist es doch nicht der Sachverhalt, ja dieser braucht gar nicht der Fall zu sein.

Ein Name repräsentiert ein Ding, ein anderer ein anderes Ding und selbst sind sie verbunden; so stellt das Ganze – wie ein lebendes Bild – den Sachverhalt vor.

Die logische Verbindung muß natürlich unter den repräsentierten Dingen möglich sein, und dies wird immer der Fall sein, wenn die Dinge wirklich repräsentiert sind. Wohlgemerkt, jene Verbindung ist keine Relation, sondern nur das *Bestehen* einer Relation.

5. 11. 14.

So stellt der Satz den Sachverhalt gleichsam auf eigene Faust dar.

Wenn ich aber sage: Die Verbindung der Satzbestandteile muß für die repräsentierten Dinge möglich sein: liegt nicht hierin das ganze Problem! Wie kann eine Verbindung zwischen Gegenständen möglich sein, die nicht ist?

Die Verbindung muß möglich sein, heißt: der Satz und die Bestandteile des Sachverhalts müssen in einer bestimmten Relation stehen.

Damit also ein Satz einen Sachverhalt darstelle, ist nur nötig, daß seine Bestandteile die des Sachverhalts repräsentieren und daß jene in einer für diese möglichen Verbindung stehen.

Das Satzzeichen verbürgt die Möglichkeit der Tatsache, welche es darstellt (nicht, daß diese Tatsache wirklich der Fall ist), das gilt auch für die allgemeinen Sätze.

Denn, wenn die positive Tatsache ϕa gegeben ist, dann ist auch die *Möglichkeit* für $(x).\phi x$, $\sim(\exists x).\phi x$, $\sim\phi a$ etc. etc. gegeben. (Alle logischen Konstanten sind bereits im Elementarsatz enthalten.)

So entsteht das Bild.

Um mit dem Bilde einen logischen Ort zu bezeichnen, müssen wir zu ihm eine Bezeichnungsweise setzen (die positive, negative, etc.).

Man könnte z. B. mittelst fechtenden Puppen zeigen, wie man *nicht* fechten solle.

6. 11. 14.

Und der Fall ist hier ganz der gleiche, wie bei ~ϕa, obwohl das Bild von dem handelt, was nicht geschehen *soll*, statt von dem, was nicht geschieht.

Daß man den verneinten Satz wieder verneinen kann, zeigt, daß das, was verneint wird, schon ein Satz und nicht erst die Vorbereitung zu einem Satz ist.

Könnte man sagen: Hier ist das Bild, aber ob es stimmt oder nicht, kann man nicht sagen, ehe man weiß, was damit gesagt sein soll?

Das Bild muß nun wieder seinen Schatten auf die Welt werfen.

7. 11. 14.

Der räumliche und der logische Ort stimmen darin überein, daß beide die Möglichkeit einer Existenz sind.

8. 11. 14.

Was sich in den Sätzen über Wahrscheinlichkeit durch das Experiment bestätigen läßt, kann unmöglich Mathematik sein!

Wahrscheinlichkeitssätze sind Auszüge naturwissenschaftlicher Gesetze.

Sie sind Verallgemeinerungen und drücken eine unvollständige Kenntnis jener Gesetze aus.

Wenn ich z. B. schwarze und weiße Ballen aus einer Urne ziehe, so kann ich nicht vor einem Zug sagen, ob ich einen weißen oder schwarzen Ballen ziehen werde, da ich hierzu die Naturgesetze nicht genau genug kenne; aber *das weiß ich doch*, daß, im Falle gleich viel schwarze und weiße Ballen vorhanden sind, die Zahl der gezogenen schwarzen sich der der weißen bei fortgesetztem Ziehen nähern wird, *so* genau kenne ich die Naturgesetze eben *doch*.

9. 11. 14.

Was ich nun in den Wahrscheinlichkeitssätzen kenne, sind gewisse allgemeine Eigenschaften der unverallgemeinerten naturwissenschaftlichen Sätze, wie z. B. ihre Symmetrie in gewissen Beziehungen, ihre Asymmetrie in anderen etc.

Vexierbilder und das Sehen von Sachverhalten.

Es war das, was ich mein starkes scholastisches Gefühl nennen möchte, was die Ursache meiner besten Entdeckungen war.

"Nicht p" und "p" widersprechen einander, beide können nicht wahr sein; aber doch kann ich beide aussprechen, *beide Bilder gibt es*. Sie liegen nebeneinander.

Oder vielmehr "p" und "~p" sind wie ein Bild und die unendliche Ebene außerhalb dieses Bildes (logischer Ort).

Den unendlichen Raum außerhalb kann ich nur mit Hilfe des Bildes herstellen, indem ich ihn durch dieses begrenze.

10. 11. 14.

Wenn ich sage "p ist möglich", heißt das "'p' hat einen Sinn"? Redet jener Satz von der Sprache, sodaß also für seinen Sinn die Existenz eines Satzzeichens ("p") wesentlich ist? (Dann wäre er ganz unwichtig.) Aber will er nicht vielmehr das sagen, was "p ∨ ~p" zeigt?

Entspricht nicht mein Studium der Zeichensprache dem Studium der Denkprozesse, welches die Philosophen für die Philosophie der Logik immer für so wesentlich hielten? – Nur verwickelten sie sich immer in unwesentliche psychologische Untersuchungen und eine analoge Gefahr gibt es auch bei meiner Methode.

11. 11 .14.

Da "a = b" kein Satz, "x = y" keine Funktion ist, so ist eine "Klasse $\hat{x}$ (x = x)" ein Unding und ebenso die sogenannte Nullklasse. (Man hatte übrigens immer schon das Gefühl, daß überall da, wo man sich in Satzkonstruktionen mit x = x, a = a, etc. half, daß es sich in allen solchen Fällen um ein sich-heraus-schwindeln handelte; so wenn man sagte "a existiert", heißt "(∃x)x = a".)

Dies ist falsch: da die Definition der Klassen selbst die Existenz der wirklichen Funktionen verbürgt.

Wenn ich nun eine Funktion von der Nullklasse auszusagen scheine, so sage ich, daß diese Funktion von allen Funktionen wahr ist, welche null sind – und dies kann ich auch dann sagen, wenn *keine* Funktion null ist.

Ist $x \neq x . \equiv_{x.} \phi x$ identisch mit

$(x).{\sim}\phi x$? Gewiß!

Der Satz deutet auf die Möglichkeit, daß es sich so und so verhält.

12. 11. 14.

Die Verneinung ist im selben Sinne *eine Beschreibung* wie der Elementarsatz selbst.

Man könnte die Wahrheit eines Satzes möglich, die einer Tautologie gewiß, und die einer Kontradiktion unmöglich nennen. Hier tritt schon das Anzeichen einer Gradation auf, die wir in der Wahrscheinlichkeitsrechnung brauchen.

In der Tautologie bildet der Elementarsatz selbstverständlich noch immer ab, aber er ist mit der Wirklichkeit so lose verbunden, daß diese unbeschränkte Freiheit hat. Die Kontradiktion wieder setzt solche Schranken, daß keine Wirklichkeit in ihnen existieren kann.

Es ist, als projizierten die logischen Konstanten das Bild des Elementarsatzes auf die Wirklichkeit – die dann mit dieser Projektion stimmen oder nicht-stimmen kann.

Obwohl im einfachen Satz bereits alle logischen Konstanten vorkommen, so *muß* in ihm doch auch sein eigenes Urbild ganz und unzerlegt vorkommen!

Ist also etwa nicht der einfache Satz das Bild sondern vielmehr sein Urbild, welches in ihm vorkommen muß?

Dieses Urbild ist dann wirklich kein Satz, (hat aber die Gestalt eines Satzes) und *es* könnte der Fregeschen "Annahme" entsprechen.

Der Satz bestünde dann aus Ur*bildern*, die auf die Welt projiziert wären.

13. 11. 14.

Bei dieser Arbeit lohnt es sich mehr als bei jeder anderen, Fragen, die man für gelöst hält, immer wieder von neuen Seiten als ungelöst zu betrachten.

14. 11. 14.

Denke an die Darstellung *negativer* Tatsachen, durch Modelle etwa: So und so dürfen zwei Eisenbahnzüge nicht auf den Gleisen stehen. Der Satz, das Bild, das Modell sind – im negativen Sinn – wie ein fester Körper, der die Bewegungsfreiheit der anderen beschränkt, im positiven Sinne, wie der von fester Substanz begrenzte Raum, worin ein Körper Platz hat.

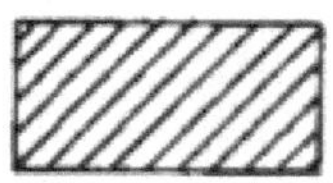

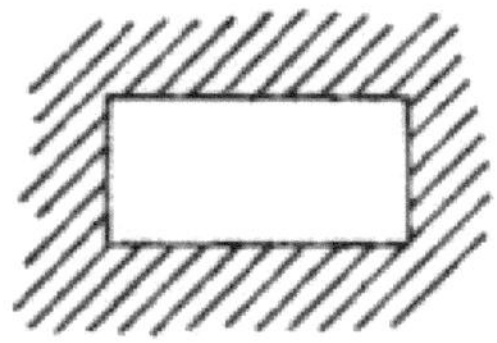

Diese Vorstellung ist *sehr* deutlich und müßte zur Lösung führen.

15. 11. 14.

Projektion des Bildes auf die Wirklichkeit

(Maxwell's Methode der mechanischen Modelle.)

Nur sich nicht um das kümmern, was man einmal geschrieben hat! Nur immer von frischem anfangen zu denken, als ob noch gar nichts geschehen wäre!

Jener Schatten, welchen das Bild gleichsam auf die Welt wirft: Wie soll ich ihn exakt fassen?

Hier ist ein tiefes Geheimnis.

Es ist das Geheimnis der Negation: Es verhält sich nicht so, und doch können wir sagen, *wie* es sich *nicht* verhält. --

Der Satz ist eben nur die *Beschreibung* eines Sachverhalts. (Aber das ist alles noch an der Oberfläche.)

Eine Einsicht am Ursprung ist mehr wert als noch so viele irgendwo in der Mitte.

16. 11. 14.

Einführung des Zeichens "o" um die Dezimalnotation möglich zu machen: Die logische Bedeutung dieses Vorgehens.

17. 11. 14.

Angenommen "ϕa" ist wahr: Was heißt es zu sagen ~ϕa ist möglich?

(ϕa ist selber gleichbedeutend mit ~(~ϕa).)

18. 11. 14.

Es handelt sich da immer nur um die Existenz des logischen Orts. Was – zum Teufel – ist aber dieser "logische Ort"!?

19. 11. 14.

Der Satz und die logischen Koordinaten: das ist der logische Ort.

20. 11. 14.

Die Realität, die dem Sinne des Satzes entspricht, kann doch nichts Anderes sein, als seine Bestandteile, da wir doch *alles* Andere nicht *wissen*.

Wenn die Realität in noch etwas Anderem besteht, so kann dies jedenfalls weder bezeichnet noch ausgedrückt werden, denn im ersten Fall wäre es noch ein Bestandteil, im zweiten wäre der Ausdruck ein Satz für den wieder dasselbe Problem bestünde, wie für den ursprünglichen.

21. 11. 14.

Was weiß ich eigentlich, wenn ich den Sinn von "ϕa" verstehe, aber nicht weiß, ob es wahr oder falsch ist? Dann weiß ich doch nicht mehr als $\phi a \vee \sim\phi a$; und das heißt, ich *weiß* nichts.

Da die Realitäten, die dem Sinn des Satzes entsprechen, nur seine Bestandteile sind, so können sich auch die logischen Koordinaten nur auf jene beziehen.

22. 11. 14.

An dieser Stelle versuche ich wieder etwas auszudrücken, was sich nicht ausdrücken läßt.

23. 11. 14.

Obwohl der Satz nur auf einen Ort des logischen Raumes deuten darf, so muß doch durch ihn *schon* der ganze logische Raum gegeben sein. – Sonst würden durch Verneinung, Disjunktion etc. immer *neue* Elemente – und zwar in Koordination – eingeführt, was natürlich nicht geschehen darf.

24. 11. 14.

Satz und Sachverhalt verhalten sich zueinander, wie der Meterstab zu der zu messenden Länge.

Daß man aus dem *Satz* "(x).ϕx" auf den *Satz* "ϕa" schließen kann, das zeigt, wie die Allgemeinheit auch im *Zeichen* "(x).ϕx" vorhanden ist.

Und das Gleiche gilt natürlich für die Allgemeinheitsbezeichnung überhaupt.

Im Satze legen wir ein Urbild an die Wirklichkeit an.

(Immer wieder ist es einem bei der Untersuchung der negativen Tatsachen, als ob sie die Existenz des Satzzeichens voraussetzten.)

Muß das Zeichen des negativen Satzes mit dem Zeichen des positiven gebildet werden? (Ich glaube, ja!)

Warum sollte man den negativen Satz nicht durch eine negative Tatsache ausdrücken können?! Es ist, wie wenn man statt des Meterstabes den Raum außerhalb des Meterstabes als Vergleichsobjekt nähme.

Wie widerspricht eigentlich der *Satz* "~p" dem *Satze* "p"? Die internen Relationen der beiden Zeichen müssen Widerspruch bedeuten.

Freilich muß nach jedem negativen Satz gefragt werden können: *Wie* verhält es sich *nicht;* aber die Antwort hierauf ist ja nur wieder ein Satz. (Diese Bemerkung unvollständig.)

25. 11. 14.

Jener negative Tatbestand, der als Zeichen dient, kann doch wohl bestehen ohne einen Satz der ihn wiederum ausdrückt.

Immer wieder ist es bei der Untersuchung dieser Probleme, als wären sie schon gelöst, und diese Täuschung kommt daher, daß die Probleme oft ganz unseren Blicken entschwinden.

Daß $\sim\phi a$ der Fall ist, kann ich durch die Beobachtung von $\phi\hat{x}$ und a allein ersehen.

Die Frage ist hier: Ist die positive Tatsache primär, die negative sekundär, oder sind sie gleichberechtigt? Und wenn so, wie ist es dann mit den Tatsachen $p \vee q$, $p \supset q$ etc., sind diese nicht mit ~p gleichberechtigt? Aber *müssen* denn nicht *alle Tatsachen* gleichberechtigt sein? Die Frage ist eigentlich die: Gibt es Tatsachen außer den positiven? (Es ist nämlich schwer, das was nicht der Fall ist, nicht zu verwechseln mit dem was stattdessen der Fall *ist*.)

Es ist ja klar, daß alle die ab-Funktionen nur so viele verschiedene Meßmethoden der Wirklichkeit sind. – Und gewiß haben die

Meßmethoden durch p und ~p etwas Besonderes allen anderen voraus. – –

Es ist der *Dualismus*, positive und negative Tatsachen, der mich nicht zur Ruhe kommen läßt. So einen Dualismus kann es ja nicht geben. Aber wie ihm entgehen?

Alles das würde sich von selbst lösen durch ein Verständnis des Wesens des Satzes!

26. 11. 14.

Wenn von einem Dinge alle positiven Aussagen gemacht sind, sind doch nicht schon alle negativen auch gemacht! Und darauf kommt alles an!

Der gefürchtete Dualismus von positiv und negativ besteht nicht denn (x).ϕx etc., etc. sind weder positiv noch negativ.

Wenn schon der positive Satz nicht im negativen vorkommen *muß*, muß nicht in jedem Fall das Urbild des positiven Satzes im negativen vorkommen?

Indem wir – und zwar in jeder möglichen Notation – zwischen ~aRb und ~bRa unterscheiden, setzen wir in einer jeden eine bestimmte Zuordnung von Argument und Argumentstelle im negativen Satz voraus; die ja das Urbild des verneinten positiven Satzes ausmacht.

Ist also nicht jene Zuordnung der Bestandteile des Satzes, mit welcher noch nichts *gesagt* ist, das eigentliche Bild im Satze?

Ob nicht meine Unklarheit auf dem Unverständnis des Wesens der Relationen beruht?

Kann man denn ein *Bild* verneinen? Nein. Und darin liegt der Unterschied zwischen Bild und Satz. Das Bild kann als Satz dienen. Dann tritt aber etwas zu ihm hinzu, was macht, daß es nun etwas *sagt*. Kurz: Ich kann nur verneinen, daß das Bild stimmt, aber das *Bild* kann ich nicht verneinen.

Dadurch, daß ich den Bestandteilen des Bildes Gegenstände zuordne, *dadurch* stellt es nun einen Sachverhalt dar und stimmt nun entweder oder stimmt nicht. (Z. B. stellt ein Bild das Innere eines Zimmers dar etc.)

27. 11. 14.

"~p" ist wahr, wenn p falsch ist. Also, in dem wahren Satz "~p" ist der Teil ein falscher Satz. Wie kann ihn nun der Haken "~" mit der Wirklichkeit zum Stimmen bringen? Wir haben freilich schon gesagt, daß es nicht der Haken "~" allein ist, sondern alles, was den verschiedenen Verneinungszeichen gemeinsam ist. Und was diesen allen gemeinsam ist, muß offenbar aus der Bedeutung der Verneinung selbst hervorgehen. Und so muß sich also in dem Negationszeichen doch seine eigene Bedeutung spiegeln.

28. 11. 14.

Die Negation vereinigt sich mit den ab-Funktionen des elementaren Satzes. Und die logischen Funktionen des Elementarsatzes müssen ebenso wie alle anderen ihre Bedeutung wiederspiegeln.

29. 11. 14.

Die ab-Funktion bleibt nicht *vor* dem Elementarsatz stehen, sondern sie durchdringt ihn.

Was gezeigt werden *kann*, kann nicht gesagt werden.

Ich glaube, man könnte das Gleichheitszeichen ganz aus unserer Notation entfernen und die Gleichheit immer nur durch die Gleichheit der Zeichen (u. U.) andeuten. Es wäre dann freilich $\phi(a,a)$ kein spezieller Fall von $(x,y).\phi(x,y)$ und ϕa keiner von $(\exists x,y).\phi x.\phi y$. Dann aber könnte man statt $\phi x.\phi y \supset_{x,y} x = y$ einfach schreiben $\sim(\exists x,y).\phi x.\phi y$.

Durch diese Notation verlören auch der Scheinsatz $(x)x = a$ oder ähnliche allen Schein von Berechtigung.

1. 12. 14.

Der Satz sagt gleichsam: Dieses Bild kann auf diese Weise keinen (oder kann einen) Sachverhalt darstellen.

2. 12. 14.

Es kommt aber darauf an, das festzusetzen, was den Satz vom bloßen Bild unterscheidet.

4. 12. 14.

Sehen wir uns z. B. die Gleichung $\sim\sim p = p$ an: diese bestimmt mit anderen das Zeichen für p, da sie besagt, daß es etwas sei, was "p" und "$\sim\sim p$" gemein haben. Dadurch erhält jenes Zeichen Eigenschaften, die wiederspiegeln, daß die doppelte Verneinung eine Bejahung ist.

5. 12. 14.

Wie sagt "p ∨ ~p" nichts?

6. 12. 14.

Die Newtonsche Mechanik bringt die Weltbeschreibung auf eine einheitliche Form. Denken wir uns eine weiße Fläche, auf der unregelmäßige schwarze Flecken wären. Wir sagen nun: Was immer für ein Bild hierdurch entsteht, immer werde ich seiner Beschreibung beliebig nahe kommen können, indem ich die Fläche mit einem entsprechend feinem quadratischen Netzwerk bedecke und nun von jedem Quadrat sage, daß es weiß oder schwarz ist. Ich werde auf diese Weise die Beschreibung dieser Fläche auf eine einheitliche Form gebracht haben. Diese Form ist beliebig, denn ich hätte mit dem gleichen Erfolge ein dreieckiges oder sechseckiges Netz verwenden können. Es kann sein, daß die Beschreibung mit Hilfe eines dreieckigen Netzes einfacher geworden wäre, d. h., daß wir die Fläche mit einem gröberen Dreiecksnetz genauer beschreiben könnten als mit einem feineren quadratischen (oder umgekehrt) etc. Den verschiedenen Netzen entsprechen verschiedene Systeme der Weltbeschreibung. Die Mechanik bestimmt die Form der Weltbeschreibung, indem sie sagt: Alle Sätze der Weltbeschreibung müssen aus einer Anzahl gegebener Sätze – den mechanischen Axiomen – auf eine gegebene Art und Weise erhalten werden können. Hierdurch liefert sie die Bausteine zum Bau des wissenschaftlichen Gebäudes und sagt: Welches Gebäude du immer aufführen willst, jedes mußt du irgendwie mit diesen und nur diesen Bausteinen zusammenbringen.

Wie man mit dem Zahlensystem jede beliebige Anzahl muß hinschreiben können, so muß man mit dem System der Mechanik jeden beliebigen Satz der Physik hinschreiben können.

Und hier sehen wir nun die gegenseitige Stellung von Logik und Mechanik.

(Man könnte das Netz auch aus verschiedenartigen Figuren bestehen lassen.)

Daß sich ein Bild, wie das vorher erwähnte, durch ein Netz von gegebener Form beschreiben läßt, sagt über das Bild nichts aus (denn dies gilt für jedes solche Bild). Das aber charakterisiert das Bild, daß es sich durch ein bestimmtes Netz von *bestimmter* Feinheit beschreiben läßt. So auch sagt es nichts über die Welt aus, daß sie sich durch die Newtonsche Mechanik beschreiben läßt; aber wohl, daß sie sich so durch jene beschreiben läßt, wie dies eben der Fall ist. (Dies habe ich schon seit *langer* Zeit gefühlt). – Auch das sagt etwas von der Welt, daß sie sich durch die eine Mechanik einfacher beschreiben läßt, als durch die andere.

Die Mechanik ist *ein* Versuch, alle Sätze, welche wir zur Weltbeschreibung benötigen, nach *einem* Plan zu konstruieren. (Die unsichtbaren Massen Hertz's.)

Die unsichtbaren Massen Hertz's sind *eingestandenermaßen* Scheingegenstände.

7. 12. 14.

Die logischen Konstanten des Satzes sind die Bedingungen seiner Wahrheit.

8. 12. 14.

Hinter unseren Gedanken, wahren und falschen, liegt immer wieder ein dunkler Grund, den wir erst später ins Licht ziehen und als einen Gedanken aussprechen können.

12. 12. 14.

p. Taut = p; d. h. Taut sagt nichts!

13. 12. 14.

Erschöpft es das Wesen der Negation, daß sie eine Operation ist, die sich selbst aufhebt? Dann müßte χ die Negation bedeuten, wenn $\chi\chi p = p$ vorausgesetzt daß $\chi p \neq p$.

Das ist einmal sicher, daß nach diesen beiden Gleichungen χ nicht mehr die Bejahung ausdrücken kann!

Und zeigt nicht die Fähigkeit des Verschwindens dieser Operationen, daß sie logische sind?

15. 12. 14.

Es ist offenbar: wir können als Schriftzeichen der ab-Funktionen einführen, welche wir wollen, das eigentliche Zeichen wird sich automatisch bilden. Und welche Eigenschaften werden sich hierbei von selbst herausbilden?

Das logische Gerüst um das Bild (des Satzes) herum bestimmt den logischen Raum.

16. 12. 14.

Der Satz muß den ganzen logischen Raum durchgreifen.

17. 12. 14.

Die ab-Funktionszeichen sind nicht materiell, sonst könnten sie nicht verschwinden.

18. 12. 14.

Am eigentlichen Satzzeichen muß geradesoviel zu unterscheiden sein, als am Sachverhalt zu unterscheiden ist. Darin besteht ihre Identität.

20. 12. 14.

In "p" ist nicht mehr und nicht weniger zu erkennen als in "~p".

Wie kann ein Sachverhalt mit "p" übereinstimmen und mit "~p" nicht übereinstimmen?

Man könnte auch so fragen: Wenn ich zum Zweck der Verständigung mit einem Anderen *die Sprache* erfinden wollte, was für Regeln müßte ich mit ihm über unseren Ausdruck vereinbaren?

23. 12. 14.

Charakteristisches Beispiel zu meiner Theorie der Bedeutung der physikalischen Naturbeschreibung: die beiden Wärmetheorien, einmal die Wärme als ein Stoff, ein andermal als eine Bewegung aufgefaßt.

25. 12. 14.

"Der Satz sagt etwas", ist identisch mit: Er hat ein bestimmtes Verhältnis zur Wirklichkeit, *was immer diese sein mag*. Und wenn *sie* gegeben ist und jenes Verhältnis, so ist der Sinn des Satzes bekannt. "p ∨ q" hat ein anderes Verhältnis zur Wirklichkeit als "p.q", etc.

Die Möglichkeit des Satzes basiert natürlich auf dem Prinzip der VERTRETUNG von Gegenständen durch Zeichen.

Im Satz haben wir also die Vertretung von etwas durch *etwas Anderes.*

Aber auch das *gemeinsame* Bindemittel.

Mein Grundgedanke ist, daß die logischen Konstanten nicht vertreten. Daß sich die *Logik* der Tatsache nicht vertreten *läßt.*

29. 12. 14.

Im Satze vertritt den Gegenstand der Name.

11. 1. 15.

Ein Meterstab sagt nicht, daß ein zu messendes Objekt einen Meter lang sei.

Auch dann nicht, wenn wir wissen, daß er zum Messen dieses *bestimmten* Objektes dienen soll.

Könnte man nicht fragen: Was muß zu jenem Meterstab dazukommen, damit es etwas über die Länge des Objektes *aussagt*?

(Der Meterstab ohne diesen Zusatz wäre die "Annahme".)

15. 1. 15.

Das Satzzeichen "p ∨ q" stimmt, wenn p der Fall ist, wenn q der Fall ist, und wenn beide der Fall sind, anderenfalls stimmt es nicht: dies scheint unendlich einfach zu sein; und *so* einfach wird die Lösung sein.

16. 1. 15.

Der Satz ist einem hypothetischen Sachverhalt zugeordnet. Dieser Sachverhalt ist durch seine Beschreibung gegeben. Der Satz ist die Beschreibung eines Sachverhalts.

Wie die Beschreibung eines Gegenstandes nach seinen externen Eigenschaften, so beschreibt der Satz die Tatsache nach ihren internen Eigenschaften.

Die Beschreibung stimmt, wenn der Gegenstand die besagten Eigenschaften hat: Der Satz stimmt, wenn der Sachverhalt die durch den Satz angegebenen internen Eigenschaften hat.

17. 1. 15

Der Sachverhalt p.q *fällt unter* den Satz "p ∨ q".

In dem Netz-Gleichnis der Physik: Obwohl die Flecke geometrische Figuren sind, so kann uns doch selbstverständlich die Geometrie gar nichts über ihre Form und Lage sagen. Das Netz aber ist *rein* geometrisch, alle seine Eigenschaften können a priori angegeben werden.

18. 1. 15.

Der Vergleich zwischen Satz und Beschreibung ist rein logisch und *muß* daher weiter geführt werden.

20. 1. 15.

Wieso ist *Alle* ein logischer Begriff?

Wieso ist *Alle* ein Begriff der Form??

Wie kommt es, daß *Alle* in jedem Satz vorkommen kann?

Denn dies ist das Charakteristikum des Formbegriffs!

Alle SCHEINT dem Inhalt des Satzes näher zu stehen als der Form.

Alle: Dinge, Alle: Funktionen, Alle: Beziehungen: Es ist als ob Alle ein Binde*glied* zwischen dem Begriff des Dinges, der Funktion etc. und dem einzelnen Ding, der einzelnen Funktion sei.

Die Allgemeinheit ist wesentlich mit der Elementar-FORM verbunden.

Das erlösende Wort – ?!

21. 1. 15.

Der Übergang von der allgemeinen Betrachtung der Satzform: *Unendlich schwierig, fabelhaft.*

22. 1. 15.

Meine *ganze* Aufgabe besteht darin, das Wesen des Satzes zu erklären.

Das heißt, das Wesen aller Tatsachen anzugeben, deren Bild der Satz *ist.*

Das Wesen alles Seins angeben.

(Und hier bedeutet Sein nicht existieren – dann wäre es unsinnig.)

23. 1. 15.

Die Verneinung ist eine Operation.

Eine Operation bezeichnet eine Operation.

Das Wort ist eine Sonde, manches reicht tief; manches nur wenig tief.

Eine Operation sagt natürlich nichts aus, nur ihr Resultat; und dies hängt von ihrem Gegenstand ab.

24. 1. 15.

Die logischen Scheinfunktionen *sind* Operationen.

Nur Operationen können verschwinden!

Der negative Satz schließt die Wirklichkeit aus.

Wie kann die allumfassende, weltspiegelnde Logik so spezielle Haken und Manipulationen gebrauchen?! Nur, indem sich alle diese zusammen zu einem *unendlich* feinen Netzwerk, zu dem großen Spiegel verknüpfen!

25. 1. 15.

Man kann auch sagen: ~p ist falsch, wenn p wahr ist.

29. 1. 15.

Die Sprache ist artikuliert.

7. 2. 15.

Die musikalischen Themen sind in gewissem Sinne Sätze. Die Kenntnis des Wesens der Logik wird deshalb zur Kenntnis des Wesens der Musik führen.

14. 2. 15.

Gäbe es mathematische Gegenstände – logische Konstante – so wäre der Satz "ich esse 5 Pflaumen" ein Satz der Mathematik. Und er ist auch kein Satz der angewandten Mathematik.

Der Satz muß seine Bedeutung *vollständig* beschreiben.

4. 3. 15.

Die Melodie ist eine Art Tautologie, sie ist in sich selbst abgeschlossen; sie befriedigt sich selbst.

5. 3. 15.

Die Menschheit hat immer geahnt, daß es ein Gebiet von Fragen geben muß, worin die Antworten – a priori – symmetrisch und zu einem abgeschlossenen, regelmäßigen Gebilde vereint-liegen.

(Je älter ein Wort ist, desto tiefer reicht es.)

6. 3. 15.

Die Probleme der Verneinung, der Disjunktion, von Wahr und Falsch – sind nur Spiegelbilder des einen, großen Problems, in den verschieden gestellten großen und kleinen Spiegeln der Philosophie.

7. 3. 15.

Wie $\sim\xi$, $\sim\xi \vee \sim\xi$ etc. dieselbe Funktion ist, so ist auch $\sim\eta \vee \eta$, $\eta \supset \eta$, etc. dieselbe – nämlich die tautologische – Funktion. Wie die anderen, so kann auch sie – und vielleicht mit Vorteil – untersucht werden.

8. 3. 15.

Meine Schwierigkeit ist nur eine – enorme – Schwierigkeit des Ausdrucks.

18. 3. 15.

Es ist klar, daß die genaueste Untersuchung des Satzzeichens nicht ergeben kann, was es aussagt – wohl aber, was es aussagen *kann*.

27. 3. 15.

Das Bild kann eine Beschreibung ersetzen.

29. 3. 15.

Das Kausalitätsgesetz ist kein Gesetz, sondern die Form *eines* Gesetzes.

"Kausalitätsgesetz", das ist ein Gattungsname. Und wie es in der Mechanik – sagen wir – Minimumgesetze gibt – etwa der kleinsten Wirkung – so gibt es in der Physik *ein* Kausalitätsgesetz, ein Gesetz von der Kausalitätsform.

Wie die Menschen ja auch eine Ahnung davon gehabt haben, daß es *ein* "Gesetz der kleinsten Wirkung" geben müsse, ehe sie genau wußten, wie es lautete.

(Hier, wie so oft, stellt sich das Aprioristische als etwas rein Logisches heraus.)

3. 4. 15.

Der Satz ist ein Maß der Welt.

Dies ist das Bild eines Vorgangs und stimmt nicht. Wie kann es dann noch immer das Bild jenes Vorgangs sein?

Daß "a" a vertreten *kann* und "b" b vertreten *kann*, wenn "a" in der Relation "R" zu "b" steht, darin aber besteht jene gesuchte POTENTIELLE interne Relation.

5. 4. 15.

Der Satz ist kein Wörtergemisch.

11. 4. 15.

Auch die Melodie ist kein Tongemisch, wie alle Unmusikalischen glauben.

12. 4. 15.

Ich *kann* von dem Wesen des Satzes *nicht* auf die einzelnen logischen Operationen kommen!!!

15. 4. 15.

Ich kann eben nicht herausbringen, inwiefern der Satz das *Bild* des Sachverhaltes ist!

Beinahe bin ich bereit, alle Bemühungen aufzugeben.

16. 4. 15.

Die Beschreibung ist auch sozusagen eine Operation, deren Basis ihre Hilfsmittel, und deren Resultat der beschriebene Gegenstand ist.

Das Zeichen "Nicht" ist die Klasse aller verneinenden Zeichen.

17. 4. 15.

Das subjektive Universum.

Statt die logischen Operationen im Satz an dessen Teilsätzen zu vollziehen können wir diesen auch *Marken* zuordnen und mit ihnen operieren. Dann ist *einem* Satzbild ein mit ihm in kompliziertester Weise zusammenhängendes Markensternbild zugeordnet.

$$(aRb, cSd, \phi e)((p \vee q) . r :\supset: q . r . \equiv . p \vee r)$$

$$p \quad q \quad r$$

18. 4. 15.

Für die Operation der Verneinung ist der Übergang von p auf ~p *nicht* charakteristisch. (Der *beste Beweis*: sie führt auch von ~p zu p.)

19. 4. 15.

Was sich in der Sprache spiegelt, kann ich nicht mit ihr ausdrücken.

23. 4. 15.

Wir glauben nicht *a priori* an ein Erhaltungsgesetz, sondern wir *wissen* a priori die Möglichkeit seiner logischen Form.

Alle jene a priori gewissen Sätze, wie der Satz vom Grunde, von der Kontinuität in der Natur, etc., etc., alle diese sind aprioristische Einsichten bezüglich der möglichen Formgebung der Sätze der Wissenschaft.

"Occams Devise" ist *natürlich* keine willkürliche oder durch ihren praktischen Erfolg gerechtfertigte Regel. Sie besagt, daß unnötige Zeichen-Einheiten nichts bedeuten.

Es ist klar daß Zeichen die denselben Zweck erfüllen, logisch identisch sind. Das rein Logische *ist* eben das, was *alle* diese leisten können.

24. 4. 15.

In der Logik (Mathematik) sind Prozeß und Resultat gleichwertig. (Darum keine Überraschungen.)

25. 4. 15.

Da die Sprache in *internen* Relationen zur Welt steht, so bestimmt *sie* und diese Relationen die logische Möglichkeit der Tatsachen. Haben wir ein bedeutungsvolles Zeichen, so muß es in einer bestimmten internen Relation zu einem Gebilde stehen. Zeichen und Relation bestimmen eindeutig die logische Form des Bezeichneten.

Aber kann nicht irgend ein so genanntes Ding mit irgend einem solchen auf ein und dieselbe Weise zugeordnet werden?

Es ist z. B. ganz klar, daß wir die Wörter der Sprache als mit einander logisch äquivalente Einheiten – empfinden und – gebrauchen.

Es scheint immer, als ob es etwas gäbe, was man *als Ding betrachten könne, andererseits* wirkliche einfache Dinge.

Es ist klar: Weder ein Bleistiftstrich noch ein Dampfschiff sind einfach: Besteht zwischen diesen beiden wirklich eine logische Äquivalenz?

"Gesetze", wie der Satz vom Grunde etc., handeln vom Netz, nicht von dem, was das Netz beschreibt.

26. 4. 15.

Durch die Allgemeinheit müßten die gebräuchlichen Sätze ihr einfaches Gepräge kriegen.

Wir müßen erkennen, *wie* die Sprache für sich selbst sorgt.

Der Satz, welcher vom "Komplex" handelt, steht in interner Beziehung zum Satze, welcher von dessen Bestandteil handelt.

27. 4. 15.

Die Willensfreiheit besteht darin, daß zukünftige Ereignisse jetzt nicht *gewußt* werden *können*. Nur dann könnten wir sie wissen, wenn die Kausalität eine INNERE Notwendigkeit wäre – wie etwa die des logischen Schlusses. – Der Zusammenhang von Wissen und Gewußtem ist *der* der logischen Notwendigkeit.

Ich darf mich nicht um die Sprache kümmern brauchen.

Das Nicht-Stimmen ist ähnlich wie die Nicht-Identität.

28. 4. 15.

Die Operation des Verneinens besteht nicht etwa im Vorsetzen von ~, sondern in der Klasse aller verneinenden Operationen.

Was für Eigenschaften hat aber dann eigentlich diese ideale verneinende Operation?

Wie zeigt es sich, wenn sich zwei Aussagen miteinander vertragen? Wenn man in p ∨ q statt q p setzt, so wird die Aussage zu p!

Gehört das Zeichen p.q auch unter diejenigen, welche p bejahen? Ist p eins von den Zeichen für p ∨ q ?

Kann man so sagen: Alle Zeichen, welche p *nicht* bejahen *nicht* von p bejaht werden und p *nicht* als Tautologie oder Kontradiktion enthalten, alle diese Zeichen verneinen p?

29. 4. 15.

Das heißt: alle Zeichen, die von p abhängig sind, und die weder p bejahen noch von p bejaht werden.

30. 4. 15.

Das Vorkommen einer *Operation* kann *natürlich* allein nichts besagen!

p wird von allen Sätzen bejaht, aus denen es folgt.

Jeder Satz, der p widerspricht, verneint p.

1. 5. 15.

Daß p.~p eine Kontradiktion ist, zeigt, daß ~p p widerspricht.

Skeptizismus ist *nicht* unwiderleglich sondern *offenbar unsinnig*, wenn er bezweifeln will, wo nicht gefragt werden kann.

Denn Zweifel kann nur bestehen, wo eine Frage besteht; eine Frage kann nur bestehen, wo eine Antwort besteht, und diese nur, wo etwas *gesagt* werden *kann.*

Alle Theorien, die besagen: "Es *muß* sich doch so verhalten, sonst könnten wir ja nicht philosophieren" oder "sonst könnten wir doch nicht leben" etc., etc., müssen natürlich verschwinden.

Meine Methode ist es nicht, das Harte vom Weichen zu scheiden, sondern die Härte des Weichen zu sehen.

Es ist eine Hauptkunst des Philosophen, sich nicht mit Fragen zu beschäftigen, die ihn nichts angehen.

Russells Methode in seiner "Scientific Method in Philosophy" ist geradezu ein Rückschritt von der Methode der Physik.

2. 5. 15.

Die Klasse aller Zeichen, die sowohl p als auch q bejahen, ist das Zeichen für p.q. Die Klasse aller Zeichen, die entweder p oder q bejahen, ist der Satz "p ∨ q".

3. 5. 15.

Man kann nicht sagen, daß sowohl Tautologien als Kontradiktionen *nichts* sagen in dem Sinne, daß sie etwa beide Nullpunkte in der Skala der Sätze wären. Denn zum Mindesten sind sie *entgegengesetzte* Pole.

Kann man sagen: Zwei Sätze sind einander entgegengesetzt, wenn es kein Zeichen gibt, das sie beide bejaht – was eigentlich heißt: wenn sie kein gemeinsames Glied haben.

Man stellt sich also die Sätze als Klassen von Zeichen vor – die Sätze "p" und "q" haben das Glied "p.q" gemeinsam – und zwei Sätze sind einander entgegengesetzt, wenn sie ganz außerhalb einander liegen.

4. 5. 15.

Das sogenannte Gesetz der Induktion kann jedenfalls kein logisches Gesetz sein, denn es ist offenbar ein Satz.

Die Klasse aller Sätze von der Form Fx ist der Satz (x)ϕx.

5. 5. 15.

Gibt es die allgemeine Satzform?

Ja, wenn darunter die eine "logische Konstante" verstanden ist!

Immer wieder scheint die Frage einen Sinn zu haben: "Gibt es einfache Dinge?" Und doch muß diese Frage unsinnig sein! –

6. 5. 15.

Man würde sich vergeblich bemühen, den Scheinsatz "gibt es einfache Dinge?" in Zeichen der Begriffsschrift auszudrücken.

Es ist doch klar, daß ich einen Begriff vom Ding, von der einfachen Zuordnung vor mir habe, wenn ich über diese Sache denke.

Wie stelle ich mir aber das Einfache vor? Da kann ich immer nur sagen " 'x' hat Bedeutung". – Hier ist ein großes Rätsel!

Als Beispiele des Einfachen denke ich immer an Punkte des Gesichtsbildes. (Wie mir als typisch "zusammengesetzte Gegenstände" immer Teile des Gesichtsbildes vorschweben).

7. 5. 15.

Ist räumliche Zusammengesetztheit auch logische Zusammengesetztheit? Es scheint doch, ja!

Aus was besteht aber z. B. ein gleichförmig gefärbter Teil meines Gesichtsbildes? Aus minima sensibilia? Wie sollte man denn den Ort eines jeden solchen bestimmen?

Auch wenn die von uns gebrauchten Sätze alle Verallgemeinerungen enthalten, so müssen in ihnen doch die Urbilder der Bestandteile ihrer Spezialfälle vorkommen. Also bleibt die Frage bestehen, wie wir zu jenen kommen!

8. 5. 15.

Daß es keine Zeichen eines bestimmten Urbilds gibt, zeigt nicht, daß jenes Urbild nicht vorhanden ist. Die zeichensprachliche Abbildung geschieht nicht so, daß ein *Zeichen* eines Urbildes einen *Gegenstand* desselben Urbildes vertritt. Das Zeichen und die interne Relation zum Bezeichneten bestimmen das Urbild dieses; wie Grundkoordinaten und Ordinaten die Punkte einer Figur bestimmen.

9. 5. 15.

Eine Frage: Können wir ohne einfache Gegenstände in der LOGIK auskommen?

Offenbar sind Sätze möglich welche keine einfachen Zeichen enthalten, d. h. keine Zeichen, welche unmittelbar eine Bedeutung haben. Und diese sind wirklich *Sätze*, die einen Sinn haben, und die Definitionen ihrer Bestandteile brauchen auch nicht bei ihnen zu stehen.

Es ist doch klar, daß Bestandteile unserer Sätze durch Definitionen zerlegt werden können und müssen, wenn wir uns der eigentlichen Struktur des Satzes nähern wollen. *Jedenfalls gibt es also einen Prozeß der Analyse.* Und kann nun nicht gefragt werden, ob dieser Prozeß einmal zu einem Ende kommt? Und wenn ja: Was wird das Ende sein??

Wenn es wahr ist, daß jedes definierte Zeichen via seine Definitionen bezeichnet, dann muß wohl die Kette der Definitionen einmal ein Ende haben.

Der zerlegte Satz redet von mehr als der unzerlegte.

Zerlegung macht den Satz komplizierter als er war; aber kann und darf ihn nicht komplizierter machen als seine Bedeutung von Haus aus war.

Wenn der Satz so komplex ist wie seine Bedeutung, dann ist er *ganz* zerlegt.

Die Bedeutung unserer Sätze aber ist nicht unendlich kompliziert.

Der Satz ist das Bild der Tatsache. Ich kann von einer Tatsache verschiedene Bilder entwerfen. (Dazu dienen mir die logischen Operationen.) Aber das für die *Tatsache* Charakteristische in diesen Bildern wird in allen dasselbe sein und von mir nicht abhängen.

Mit der Zeichenklasse des Satzes "p" ist bereits die Klasse "~p" etc., etc., gegeben. Wie es auch sein muß.

Aber, setzt das nicht schon voraus, daß uns die Klasse aller Sätze gegeben ist? Und wie kommen wir zu *ihr*?

11. 5. 15.

Ist die logische Summe zweier Tautologien eine Tautologie im ersten Sinne? Gibt es wirklich die Dualität: Tautologie-Kontradiktion?

Unser Einfaches IST: das Einfachste, was wir kennen. – Das Einfachste zu dem unsere Analyse vordringen kann – es braucht nur als Urbild, als Variable in unseren Sätzen zu erscheinen – *dies* ist das Einfache, welches wir meinen und suchen.

12. 5. 15.

Der allgemeine Begriff der Abbildung und *der* der Koordinaten.

Angenommen, der Ausdruck "$\sim(\exists x)x = x$" wäre ein Satz, nämlich etwa der: "Es gibt keine Dinge", dann müßte es sehr wunder nehmen, daß wir, um diesen Satz in Symbolen auszudrücken, eine Relation (=) benützen müssen, von der in ihm eigentlich gar nicht die Rede ist.

13. 5. 15.

Eine eigentümliche logische Manipulation, die *Personifizierung* der *Zeit*!

Nur nicht den Knoten zusammenziehen, bevor man sicher ist, daß man das rechte Ende erwischt hat.

Dürfen wir einen Teil des Raumes als Ding betrachten? Dies tun wir offenbar in gewissem Sinne immer, wo wir von den räumlichen Dingen reden.

Es scheint nämlich – zum mindesten so weit ich jetzt sehen kann – mit dem Wegschaffen von Namen durch Definitionen nicht getan zu sein: die komplexen räumlichen Gegenstände, zum Beispiel, scheinen mir in irgend einem Sinn wesentlich Dinge zu sein – ich sehe sie, sozusagen, als Dinge – und ihre Bezeichnung vermittelst Namen scheint mehr zu sein als ein bloß sprachlicher Trick. Die räumlichen zusammengesetzten Gegenstände – z. B. – erscheinen – wie es scheint – wirklich als Dinge.

Aber was bedeutet das alles?

Schon, daß wir so ganz instinktiv jene Gegenstände durch Namen bezeichnen. –

14. 5. 15.

Die Sprache ist ein Teil unseres Organismus und nicht weniger kompliziert als dieser.

Das alte Problem von Komplex und Tatsache.

15. 5. 15.

Die Komplex-Theorie drückt sich in Sätzen aus wie dieser: "Wenn ein Satz wahr ist, dann existiert Etwas"; es scheint ein Unterschied zu sein zwischen der Tatsache, welche der Satz ausdrückt: a steht in der Relation R zu b, und dem Komplex: *a in der Relation R zu b*, welcher eben dasjenige ist, welches "existiert", wenn jener Satz wahr ist: Es scheint, als könnten wir dieses Etwas *bezeichnen*, und zwar mit einem eigentlichen "zusammengesetzten Zeichen". – Die Gefühle, die sich in diesen Sätzen ausdrücken, sind ganz natürlich und ungekünstelt; es muß ihnen also eine Wahrheit zu Grunde liegen. Aber welche?

Soviel ist klar, daß ein Komplex nur durch seine Beschreibung gegeben sein kann; und diese stimmen oder nicht stimmen wird.

Der Satz, in welchem von einem Komplex die Rede ist, wird, wenn dieser nicht existiert, nicht unsinnig sondern einfach falsch sein!

16. 5. 15.

Wenn ich den Raum sehe, sehe ich alle seine Punkte?

Etwas "der Logik widersprechendes" in der Sprache darstellen kann man ebensowenig, wie in der Geometrie eine den Gesetzen des Raumes widersprechende Figur durch ihre Koordinaten darstellen, oder etwa die Koordinaten eines Punktes geben, welcher nicht existiert.

Gäbe es Sätze, welche die Existenz von Urbildern besagten, dann wären diese unik und eine Art "logische Sätze", und die Anzahl dieser Sätze würde der Logik eine unmögliche Realität geben. Es gäbe Koordination in der Logik.

18. 5. 15.

Die Möglichkeit aller Gleichnisse, der ganzen Bildhaftigkeit unserer Ausdrucksweise, ruht in der Logik der Abbildung.

19. 5. 15.

Wir können sogar einen in Bewegung begriffenen Körper, *und zwar mit seiner Bewegung zusammen*, als Ding auffassen. So bewegt sich der um die Erde sich drehende Mond um die Sonne. Hier scheint es mir klar, daß in dieser Verdinglichung nichts als eine logische Manipulation vorliegt – deren Möglichkeit übrigens höchst bedeutungsvoll sein mag.

Oder betrachten wir Verdinglichungen wie: eine Melodie, einen gesprochenen Satz. –

Wenn ich sage "'x' hat Bedeutung", empfinde ich da: es ist unmöglich, daß "x" etwa dieses Messer oder diesen Brief bedeute? Durchaus nicht. Im Gegenteil.

20. 5. 15.

Ein Komplex ist eben ein Ding!

21. 5. 15.

Wohl können wir einen Tatbestand räumlich darstellen, welcher den Gesetzen der Physik, aber keinen, der den Gesetzen der Geometrie zuwiderliefe.

22. 5. 15.

Die mathematische Notation der unendlichen Reihen, wie "   " *mit den Pünktchen* ist ein Beispiel jener erweiterten Allgemeinheit. Ein Gesetz ist gegeben und die hingeschriebenen Glieder dienen als Illustration.

So könnte man statt (x)fx schreiben "fx.fy ... ".

Räumliche und *zeitliche* Komplexe.

23. 5. 15.

Die Grenzen meiner Sprache bedeuten die Grenzen meiner Welt.

Es gibt wirklich nur eine Weltseele, welche ich vorzüglich *mein* Seele nenne, und als welche allein ich das erfasse, was ich die Seelen anderer nenne.

Die vorige Bemerkung gibt den Schlüssel zur Entscheidung, inwieweit der Solipsismus eine Wahrheit ist.

Schon lange war es mir bewußt, daß ich ein Buch schreiben könnte "Was für eine Welt ich vorfand".

Haben wir nicht eben das Gefühl von der Einfachen Relation, welches uns immer als Hauptgrund für die Annahmen der Existenz "einfacher Gegenstände" vorschwebt, haben wir nicht dieses selbe Gefühl, wenn wir an die Relation zwischen Namen und komplexem Gegenstand denken?

Nehmen wir an der komplexe Gegenstand sei dies Buch; es heiße "A". Dann zeigt doch das Vorkommen des "A" im Satz das Vorkommen des Buches in der Tatsache an. *Er löst sich eben auch bei der Analyse nicht willkürlich auf, so daß etwa seine Auflösung in jedem Satzgefüge eine gänzlich verschiedene wäre.*

Und so wie das Vorkommen eines Ding-Namens in verschiedenen Sätzen, so zeigt das Vorkommen des Namens zusammengesetzter Gegenstände die Gemeinsamkeit einer Form und eines Inhalts.

Trotzdem scheint mir der *unendlich* komplexe Sachverhalt ein Unding zu sein!

Aber auch das scheint sicher, daß wir die Existenz einfacher Gegenstände nicht aus der Existenz bestimmter einfacher Gegenstände schließen, sondern sie vielmehr als Endresultat einer Analyse – sozusagen durch die Beschreibung – durch einen zu ihnen führenden Prozeß kennen.

Deswegen, weil eine Redewendung unsinnig ist, kann man sie noch immer gebrauchen – siehe die letzte Bemerkung.

In dem Buch "Die Welt, welche ich vorfand" wäre auch über meinen Leib zu berichten und zu sagen, welche Glieder meinem Willen unterstehen etc. Dies ist nämlich eine Methode, das Subjekt zu isolieren oder vielmehr zu zeigen, daß es in einem wichtigen Sinne kein Subjekt gibt. Von ihm allein nämlich könnte in diesem Buche *nicht* die Rede sein. –

24. 5. 15.

Wenn wir auch die einfachen Gegenstände nicht aus der Anschauung kennen; die komplexen Gegenstände *kennen* wir aus der Anschauung, wir wissen aus der Anschauung, daß sie komplex sind. – Und daß sie zuletzt aus einfachen Dingen bestehen müssen? Wir nehmen zum Beispiel aus unserem Gesichtsfeld einen Teil heraus, wir sehen, daß er noch immer komplex ist, daß ein Teil von ihm noch immer komplex aber schon einfacher ist, u.s.w. –

Ist es denkbar, daß wir – z. B. – *sehen*, daß *alle Punkte einer Fläche gelb sind*, ohne irgend *einen* Punkt dieser Fläche zu sehen? Fast scheint es so.

Die Entstehung der Probleme: die drückende Spannung, die sich einmal in eine Frage zusammenballt und sich objektiviert.

Wie würden wir, z. B., eine gleichmäßig mit Blau bedeckte Fläche beschreiben?

25. 5. 15.

Erscheint uns das Gesichtsbild eines minimum visibile wirklich als unteilbar? Was Ausdehnung hat, ist teilbar. Gibt es Teile in unserem Gesichtsbild, die *keine* Ausdehnung haben? Etwa die der Fixsterne? –

Der Trieb zum Mystischen kommt von der Unbefriedigtheit unserer Wünsche durch die Wissenschaft. Wir *fühlen,* daß selbst wenn alle *möglichen* wissenschaftlichen Fragen beantwortet sind, *unser Problem noch gar nicht berührt ist.* Freilich bleibt dann eben keine Frage mehr; und eben dies ist die Antwort.

Die Tautologie wird von *jedem* Satz bejaht; die Kontradiktion von jedem verneint. (Man könnte ja an jeden Satz, ohne seinen Sinn zu ändern, irgend eine Tautologie mit "und" anhängen und ebenso die Verneinung einer Kontradiktion.)

Und "ohne seinen Sinn zu ändern" heißt: ohne das *Wesentltche* am Zeichen selbst zu ändern. Denn man kann das *Zeichen* nicht ändern, ohne seinen Sinn zu ändern.

"aRa" *muß* Sinn haben, wenn "aRb" Sinn hat.

26. 5. 15.

Wie aber soll ich jetzt das allgemeine *Wesen* des *Satz.es* erklären? Wir können wohl sagen: alles, was der Fall ist (oder nicht ist), kann durch einen Satz abgebildet werden. Aber hier haben wir den Ausdruck "*der Fall sein*"! Er ist ebenso problematisch.

Das Gegenstück zum Satze bilden die Gegenstände.

Die Gegenstände kann ich nur *nennen.* Zeichen vertreten sie.

27. 5. 15.

Ich kann nur *von* ihnen sprechen, sie aussprechen kann ich nicht.

"Aber könnte es nicht etwas geben, was durch einen *Satz* sich nicht ausdrücken läßt (und auch kein Gegenstand ist)?" Das ließe sich eben dann durch die *Sprache* nicht ausdrücken; und wir können auch nicht darnach *fragen*.

Wie, wenn es etwas außerhalb den *Tatsachen* gibt? Was unsere Sätze nicht auszudrücken vermögen? Aber da haben wir ja z. B. die *Dinge, und wir fühlen gar kein Verlangen*, sie in Sätzen auszudrücken.

Was sich nicht ausdrücken läßt, das drücken wir nicht aus –. Und wie wollen wir *fragen*, ob sich DAS ausdrücken läßt, was sich nicht AUSDRÜCKEN läßt?

Gibt es kein Bereich außerhalb den Tatsachen?

28. 5. 15.

"Zusammengesetztes Zeichen" und "Satz" sind *gleichbedeutend.*

Ist es eine Tautologie zu sagen: die *Sprache* besteht aus *Sätzen*?

Es scheint, ja.

29. 5. 15.

Aber ist die *Sprache* die *einzige* Sprache?

Warum soll es nicht eine Ausdrucksweise geben, mit der ich *über* die Sprache reden kann, so daß diese mir in Koordination mit etwas Anderem erscheinen kann?

Nehmen wir an, die Musik wäre eine solche Ausdrucksweise: Dann *ist* jedenfalls charakteristisch für die *Wissenschaft*, daß in ihr *keine* musikalischen Themen vorkommen.

Ich selbst schreibe hier nur Sätze hin. Und warum?

Wie ist die Sprache unik?

30. 5. 15.

Die Worte sind wie die Haut auf einem tiefen Wasser.

Es ist klar, daß es auf dasselbe hinauskommt zu fragen, was ist ein Satz, wie zu fragen, was ist eine Tatsache – oder ein Komplex.

Und warum soll man nicht sagen: "Es gibt Komplexe; man kann sie mit Namen benennen oder durch Sätze abbilden"?

Der Name eines Komplexes fungiert im Satz wie der Name eines Gegenstandes, welchen ich nur durch eine *Beschreibung* kenne. – Als Beschreibung fungiert der ihn abbildende Satz.

Aber wenn es nun einfache Gegenstände gibt, ist es richtig, ihre Zeichen und jene anderen "Namen" zu nennen?

Oder ist Name sozusagen ein *logischer* Begriff?

"Er kennzeichnet die Gemeinsamkeit einer Form und eines Inhalts". –

Je nach der Verschiedenheit der Struktur des Komplexes bezeichnet sein Name in anderer Art und Weise und unterliegt anderen syntaktischen Gesetzen.

Der Fehler in dieser Auffassung muß darin liegen, daß sie einerseits komplexe und einfache Gegenstände einander entgegenstellt, andererseits aber sie als verwandt behandelt.

Und doch: *Bestandteile* und *Komplex* scheinen einander verwandt *und* entgegengesetzt zu sein!

(Wie der Plan einer Stadt und die Karte eines Landes, die vor uns in gleicher Größe, und verschiedenen Maßstäben liegen.)

Woher dies Gefühl: "Allem, was ich sehe, dieser Landschaft, dem Fliegen der Samen in der Luft, all diesem kann ich einen Namen zuordnen; ja, was, wenn nicht dieses, sollten wir Namen benennen"?!

Namen kennzeichnen die Gemeinsamkeit *einer* Form und *eines* Inhalts. – Sie kennzeichnen erst *mit* ihrer syntaktischen Verwendung zusammen *eine bestimmte* logische Form.

31. 5. 15.

Mit der Weltbeschreibung durch Namen kann man nicht mehr leisten als mit der allgemeinen Weltbeschreibung!

Könnte man also ohne Namen auskommen?? Doch wohl nicht.

Die Namen sind notwendig zu einer Aussage, daß *dieses* Ding *jene* Eigenschaft besitzt u.s.f.

Sie verknüpfen die Satzform mit ganz bestimmten Gegenständen.

Und wenn die allgemeine Weltbeschreibung wie eine Schablone der Welt ist, so nageln sie die Namen so an die Welt, daß sie sich überall mit ihr deckt.

1. 6. 15.

Das große Problem, um welches sich alles dreht, was ich schreibe, ist: Ist, a priori, eine Ordnung in der Welt, und wenn ja, worin besteht sie?

Du siehst in die Nebelwolke und kannst dir dabei einreden, das Ziel sei schon nahe. Aber der Nebel zerrinnt, und das Ziel ist noch nicht in Sicht!

2. 6. 15.

Ich sagte: "Eine Tautologie wird von *jedem* Satze bejaht"; damit ist aber noch nicht gesagt, warum sie kein *Satz* ist. Ist denn damit schon gesagt, *warum* ein Satz nicht von p *und* von ~p bejaht werden kann?!

Meine Theorie bringt nämlich eigentlich nicht heraus, daß der Satz zwei Pole haben *muß*.

Ich müßte nämlich jetzt in der Redeweise dieser Theorie einen Ausdruck dafür finden, WIEVIEL *ein Satz sagt.* Und es müßte sich dann eben ergeben, daß Tautologien NICHTS sagen.

Aber wie ist dies Maß Vielsagendheit zu finden?

Es ist jedenfalls vorhanden; und unsere Theorie *muß* es zum Ausdruck bringen können.

3. 6. 15.

Man könnte wohl sagen: *Der* Satz sagt am meisten, aus welchem am meisten folgt.

Könnte man sagen: "aus welchem die meisten, von einander unabhängigen Sätze folgen"?

Aber geht es nicht so: Wenn p aus q folgt, aber nicht q aus p, dann sagt q mehr als p?

Nun aber folgt aus einer Tautologie gar nichts. – Sie aber folgt aus jedem Satz.

Analoges gilt von ihrem Gegenteil.

Aber wie! Wäre da die Kontradiktion nicht der vielsagendste Satz? Aus "p.~p" folgt ja nicht nur "p" sondern auch "~p"! Aus ihnen folgt jeder Satz und sie folgen aus keinem!? Aber ich kann doch aus einer Kontradiktion nichts schließen, eben *weil* sie eine Kontradiktion ist!

Aber wenn die Kontradiktion die Klasse *aller Sätze* ist, so wird die Tautologie das Gemeinsame aller Klassen von Sätzen, welche nichts Gemeinsames haben, und verschwindet gänzlich.

"p ∨ ~p" wäre also nur scheinbar ein Zeichen. In Wirklichkeit aber die Auflösung des Satzes.

Die Tautologie verschwindet sozusagen innerhalb aller Sätze, die Kontradiktion außerhalb aller Sätze.

Bei diesen Betrachtungen scheine ich übrigens immer unbewußt vom Elementarsatz auszugehen. –

Die Kontradiktion ist die äußere Grenze der Sätze; kein Satz bejaht sie. Die Tautologie ist ihr substanzloser Mittelpunkt. (Man kann den Mittelpunkt einer Kreisfläche als deren innere Begrenzung auffassen.)

(Das erlösende Wort ist übrigens hier noch nicht gesprochen.)

Es ist hier nämlich sehr leicht, die logische Addition und das logische Produkt miteinander zu verwechseln.

Wir kommen nämlich zu dem scheinbar merkwürdigen Resultat, daß zwei Sätze etwas gemeinsam haben müssen, um von einem Satz bejaht werden zu können.

(Die Gehörigkeit zu *einer* Klasse ist aber auch etwas, was Sätze *gemeinsam* haben können!)

(Hier liegt noch eine entschiedene und entscheidende Unklarheit in meiner Theorie. Daher ein gewisses Gefühl der Unbefriedigung!)

4. 6. 15.

"p.q" hat nur dann Sinn, wenn "p ∨ q" Sinn hat.

5. 6. 15.

"p.q" bejaht "p" und "q". Das heißt aber doch nicht, daß "p.q" der gemeinsame Bestandteil von "p" und "q" ist, sondern im Gegenteil, daß sowohl "p" als auch "q" in "p.q" enthalten sind.

Damit ein Satz wahr sein kann, muß er auch falsch sein können.

Warum sagt die Tautologie nichts? Weil in ihr von vornherein jede Möglichkeit zugegeben wird; weil...

Es muß sich *im Satz selbst* zeigen, daß er *etwas* sagt und an der Tautologie, daß sie nichts sagt.

p . ~p ist dasjenige – etwa *das Nichts* – welches p und ~p gemeinsam haben.

In dem *eigentlichen* Zeichen für p liegt wirklich schon das Zeichen "p ∨ q". (Denn es ist dann möglich, dies Zeichen OHNE WEITERES zu bilden.)

6. 6. 15.

(Diese Theorie behandelt die Sätze exklusiv, sozusagen als eine eigene Welt und nicht in Verbindung mit dem, was sie darstellen.)

Die Verbindung der Bild-Theorie mit der Klassen-Theorie wird erst später ganz einleuchtend werden!

Man kann von einer Tautologie nicht sagen, daß sie wahr ist, denn sie ist *wahr gemacht.*

Sie ist kein Bild der Wirklichkeit insofern als sie nichts DARSTELLT. Sie ist das, was alle *Bilder* – einander widersprechende – gemeinsam haben.

In der Klassen-Theorie ist noch nicht ersichtlich, warum der Satz seinen Gegensatz *bedarf.* Warum er ein von dem übrigen Teil des logischen Raumes *abgetrennter* Teil ist.

Der Satz sagt, es ist: *so*, und nicht: *so*. Er stellt eine Möglichkeit dar und bildet doch schon *ersichtlich* den Teil eines Ganzen – dessen Züge er trägt – und von welchem er sich abhebt.

p ∨ q ∨ ~p ist auch eine Tautologie. –

Es gibt wohl Sätze, die sowohl p als auch ~p *zulassen*, aber *keinen*, den sowohl p als auch ~p *bejaht*.

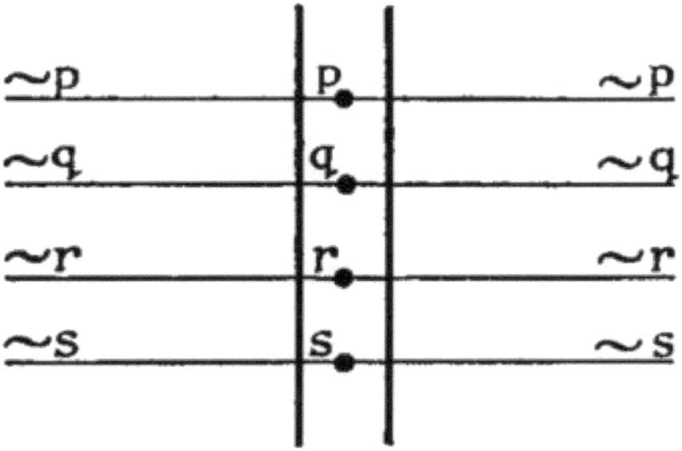

Die Möglichkeit von. "p ∨ q", wenn "p" gegeben ist, ist eine Möglichkeit nach einer anderen Dimension als die Unmöglichkeit von "~p".

"p ∨ ~p" ist ein GANZ SPEZIELLER FALL von "p ∨ q".

"p" hat nichts mit "~p ∨ q" gemein.

Dadurch daß ich an "p" das "~" hänge, tritt der Satz in eine andere Satzklasse.

Jeder Satz hat nur ein Negativ; ... Es gibt nur einen Satz der ganz außerhalb von "p" liegt.

Man könnte auch so sagen: Der Satz, welcher p und ~p bejaht, wird von allen Sätzen verneint; der Satz, welcher p oder ~p bejaht, wird von allen Sätzen bejaht.

Mein Fehler muß darin liegen, daß ich dasjenige, was aus dem Wesen der Verneinung u. a. folgt, zu ihrer Definition gebrauchen will. – Die Gemeinsamkeit der Grenze von "p" und "~p" kommt in der von mir versuchten Erklärung der Verneinung gar nicht vor.

7. 6. 15.

Wenn man z. B. sagen könnte: alle Sätze, die p nicht bejahen, bejahen ~p, so hätte man damit eine genügende Beschreibung. – Aber so geht es nicht.

Kann man aber nicht sagen "~p" ist dasjenige, was nur solche Sätze gemeinsam haben, welche "p" nicht bejahen? – Und hieraus folgt ja schon die Unmöglichkeit von "p.~p".

(All dies setzt natürlich schon die Existenz der gesammten *Satzwelt* voraus. Mit Recht?)

Es GENÜGT NICHT, darauf hinzuweisen, daß ~p außerhalb p liegt! Nur dann wird man alle Eigenschaften von "~p" ableiten können, wenn "~p" *wesentlich als das Negativ von p* eingeführt wird!!

Aber wie das tun!? –

Oder verhält es sich so, daß wir den Satz ~p überhaupt nicht "einführen" können, sondern, er tritt uns als vollendete Tatsache entgegen, und wir können nur auf seine einzelnen formellen Eigenschaften hinweisen, wie z. B., daß er nichts mit p gemeinsam hat, daß kein Satz ihn und p enthält etc. etc.?

8. 6. 15.

Jeder "mathematische Satz" ist ein in Zeichen dargestellter Modus ponens. (Und es ist klar, daß man den Modus ponens nicht in einem Satz ausdrücken kann.)

Die Gemeinsamkeit der Grenze von p und ~p drückt sich dadurch aus, daß das Negativ eines Satzes nur mit Hilfe eben dieses bestimmt wird. Wir sagen ja eben: das Negativ eines Satzes ist der Satz, welcher... und nun folgt die Beziehung von ~p zu p. –

9. 6. 15.

Man könnte natürlich einfach so sagen: Die Verneinung von p ist der Satz, welcher keinen Satz mit p gemeinsam hat.

Der Ausdruck "tertium non datur" ist eigentlich ein Unsinn. (Von einem Dritten ist eben in p ∨ ~p nicht die Rede!)

Sollten wir das nicht auf unsere Erklärung des Negativs eines Satzes anwenden können?

Können wir nicht sagen: Unter allen Sätzen, welche nur von p abhängig sind, gibt es nur solche welche p bejahen und solche, welche es verneinen.

Ich kann also sagen, das Negativ von p ist die Klasse aller Sätze, welche nur von "p" abhängig sind und *"p" nicht bejahen.*

10. 6. 15.

"p.q ∨~q" ist von "q" NICHT *abhängig*!!

Ganze Sätze verschwinden!

Schon das, daß "p.q ∨ ~q" von "q" unabhängig ist, obwohl es das Schriftzeichen "q" offenbar enthält, zeigt uns, wie Zeichen von der Form $\eta \vee \sim\eta$ scheinbar, aber doch nur *scheinbar* existieren können.

Dies kommt natürlich daher, daß diese Zusammenstellung "p ∨ ~p" zwar äußerlich möglich ist, aber nicht den Bedingungen genügt unter welchen ein solcher Komplex *etwas sagt*, also ein Satz ist.

"p.q ∨ ~q" sagt dasselbe wie

"p.r ∨ ~r"

was immer q und r besagen mag: Alle Tautologien besagen dasselbe. (Nämlich nichts.)

Aus der letzten Erklärung der Verneinung folgt, daß alle von p allein abhängigen Sätze, welche p nicht bejahen – und nur solche – p verneinen. Also sind "p v ~p" und "p.~p" keine Sätze, denn das erste Zeichen bejaht weder noch verneint es p, und das zweite müßte beide bejahen.

Da ich nun aber doch p ∨ ~p und p.~p hinschreiben kann, zumal in Verbindung mit anderen Sätzen, so muß klar gestellt werden, welche Rolle diese Scheinsätze nun, besonders *in* jenen Verbindungen, spielen. Denn sie sind natürlich nicht als ein völlig bedeutungsloses Anhängsel – wie etwa ein bedeutungsloser Name – zu behandeln. Sie gehören vielmehr mit in den Symbolismus – wie die "o" in der Arithmetik.

Da ist es klar, daß p ∨ ~p die Rolle eines wahren Satzes spielt, der aber *zero* sagt.

Wir sind also wieder bei der Quantität des Sagens.

11. 6. 15.

Aus allen Sätzen folgt das Gegenteil von "p.~p", heißt das soviel, daß "p.~p" nichts sagt? – Nach meiner früheren Regel müßte die Kontradiktion ja mehr sagen als alle anderen Sätze.

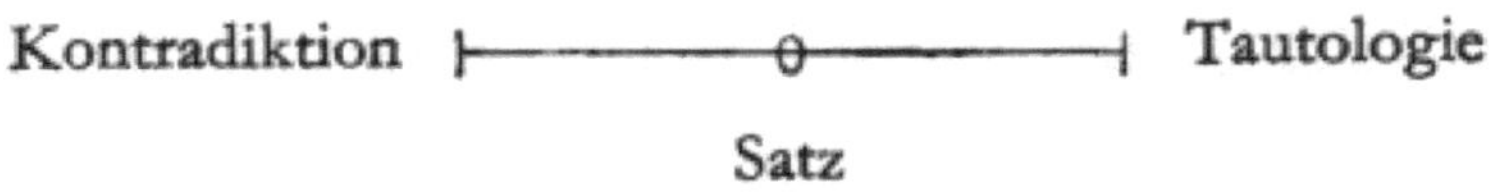

Wenn ein vielsagender Satz auch falsch ist, so sollte eben das interessant sein, daß er falsch ist. Es ist befremdend, daß das Negativ eines vielsagenden Satzes gänzlich nichtssagend sein soll.

12. 6. 15.

Man könnte eigentlich bei jedem Satz fragen: Was hat es zu bedeuten, wenn er wahr ist, was hat es zu bedeuten, wenn er falsch ist?

Nun ist p.~p seiner Annahme nach immer nur falsch, und dies hat also nichts zu bedeuten; und wieviel es bedeutet, wenn er wahr ist, kann man ja gar nicht fragen.

13. 6. 15.

Wenn "p.~p" wahr sein KÖNNTE, so würde es allerdings *sehr* viel besagen. Aber *die Annahme*, daß es wahr ist, kommt eben bei ihm nicht in Betracht, da es seiner Annahme nach immer falsch ist.

Eigentümlich: Die Wörter "Wahr" und "Falsch" beziehen sich auf die Beziehung des Satzes zur Welt; daß diese Wörter in ihm selbst zur Darstellung verwendet werden können!

Wir sagten: Wenn ein Satz nur von p abhängig ist, und wenn er p bejaht, dann verneint er es nicht, und umgekehrt: *Ist dies das Bild jener gegenseitigen Ausschließung von p und ~p*? Der Tatsache, daß ~p *das* ist, was *außerhalb* p liegt?

Es scheint doch so! Der Satz "~p" ist in demselben Sinne das, was außerhalb "p" liegt. – (Vergiß auch nicht, daß das Bild sehr komplizierte Koordinaten zur Welt haben kann.)

Man könnte übrigens einfach sagen: "p.~p" sagt im eigentlichen Sinne des Wortes nichts. Weil im vornherein keine Möglichkeit gelassen ist, die er *richtig* darstellen kann.

Wenn, beiläufig gesprochen, "p folgt aus q" heißt, wenn q wahr ist, so muß p wahr sein, dann kann man überhaupt nicht sagen, daß irgend etwas aus "p.~p" folgt, da es die Hypothese, daß "p.~p" wahr sei, nicht gibt!!

14. 6. 15.

Wir sind uns also darüber klar geworden, daß Namen für die verschiedensten Formen stehen, und stehen dürfen, und daß nun erst die syntaktische Anwendung die darzustellende Form charakterisiert.

Was ist nun die syntaktische Anwendung von Namen einfacher Gegenstände?

Was ist mein Grundgedanke, wenn ich von den einfachen Gegenständen rede? Genügen nicht am Ende die 'zusammengesetzten Gegenstände' gerade den Anforderungen, die ich scheinbar an jene stelle? Gebe ich diesem Buch einen Namen "N" und rede nun von N, ist nicht das Verhältnis von N zu jenem 'zusammengesetzten Gegenstand', zu jenen Formen und Inhalten *wesentlich* dasselbe, welches ich nur zwischen Namen und einfachem Gegenstand dachte?

Denn wohlgemerkt: wenn auch der Name "N" bei weiterer Analyse verschwindet, so deutet er doch *Ein Gemeinsames* an.

Wie steht es aber mit der Bedeutung der Namen außerhalb des Satzzusammenhanges?

Man könnte aber die Frage auch so vorbringen: Es scheint, daß die Idee des EINFACHEN in der des Komplexen und in der Idee der Analyse bereits enthalten liegt, so zwar, daß wir ganz absehend von irgend welchen Beispielen einfacher Gegenstände oder von Sätzen, in welchen von solchen die Rede ist, zu dieser Idee kommen und die Existenz der einfachen Gegenstände als eine logische Notwendigkeit – a priori – einsehen.

Es hat also den Anschein, daß sich die Existenz der einfachen Gegenstände zu der der komplexen so verhält, wie der Sinn von ~p zum Sinn von p: Der *einfache* Gegenstand sei im komplexen *präjudiziert.*

15. 6. 15.

(Dies ist ja nicht zu verwechseln mit der *Tatsache*, daß der *Bestandteil* im Komplex präjudiziert ist.)

(Eine der schwersten Aufgaben des Philosophen ist es zu finden, wo ihn der Schuh druckt.)

Es ist ganz klar, daß ich tatsächlich dieser Uhr, wie sie hier vor mir liegt und geht, einen Namen zuordnen kann, und daß dieser Name außerhalb jedes Satzes Bedeutung haben wird in demselben Sinne des Wortes, wie ich es überhaupt jemals gemeint habe. Und ich empfinde, daß jener Name in einem Satze allen Anforderungen an den 'Namen des einfachen Gegenstandes' entsprechen wird.

16. 6. 15.

Wir wollen jetzt einmal sehen, ob diese Uhr tatsächlich allen Bedingungen entspricht, um ein 'einfacher Gegenstand' zu sein! –

Die Frage ist eigentlich die: Muß ich, um die syntaktische Behandlungsweise eines Namens zu kennen, die Zusammensetzung seiner Bedeutung kennen? Wenn ja, so drückt sich die ganze Zusammensetzung auch schon in unanalysierten Sätzen aus... –

(Man versucht oft, zu große Gedankenklüfte zu überspringen und fällt dann mitten hinein.)

Das, was uns a priori gegeben scheint, ist der Begriff: *Dieses*. – Identisch mit dem Begriff des *Gegenstands.*

Auch Relationen und Eigenschaften etc. sind *Gegenstände.*

Meine Schwierigkeit besteht doch darin: In allen mir vorkommenden Sätzen kommen Namen vor, welche aber bei weiterer Analyse wieder verschwinden müssen. Ich weiß, daß eine solche weitere Analyse möglich ist, bin aber nicht im Stande, sie vollständig durchzuführen. Trotzdem nun weiß ich allem Anscheine nach, daß, wenn die Analyse vollständig durchgeführt wäre, ihr Resultat ein Satz sein müßte, der wieder Namen, Relationen etc. enthielte. Kurz: es scheint, als wüßte ich auf diese Weise nur eine Form, von welcher ich kein einziges Beispiel kenne.

Ich sehe: die Analyse kann weitergeführt werden und kann mir nun sozusagen nicht vorstellen, daß sie zu etwas Anderem führt als zu den mir bekannten Satzgattungen.

Wenn ich sage, diese Uhr ist glänzend und das, was ich mit "diese Uhr" meine, ändert seine Zusammensetzung im geringsten, so ändert sich damit nicht nur der Sinn des Satzes dem Inhalt nach, sondern die *Aussage über diese Uhr* ändert sofort *auch* ihren Sinn. Die ganze Form des Satzes ändert sich.

Das heißt, die syntaktische Verwendung der Namen charakterisiert vollständig die Form der zusammengesetzten Gegenstände, welche sie bezeichnen.

Jeder Satz, der einen Sinn hat, hat einen KOMPLETTEN Sinn, und er ist ein Bild der Wirklichkeit, so daß, was in ihm noch nicht gesagt ist, einfach nicht zu seinem Sinn gehören kann.

Wenn der Satz "diese Uhr glänzt" einen Sinn hat, so muß es erklärbar sein, WIE DIESER Satz DIESEN Sinn hat.

Wenn ein Satz uns etwas sagt, so muß er, wie er da steht, ein Bild der Wirklichkeit sein und zwar ein vollständiges. – Es wird natürlich auch etwas geben, was er *nicht* sagt – aber *was* er sagt, sagt er vollständig, und es muß sich SCHARF begrenzen lassen.

Ein Satz mag also zwar ein unvollständiges Bild einer gewissen Tatsache sein, aber er ist IMMER *ein vollständiges Bild*.

Daraus schiene es nun, als ob in gewissem Sinne alle Namen *echte Namen* wären. Oder wie ich auch sagen könnte, als ob alle Gegenstände in gewissem Sinne einfache Gegenstände wären.

17. 6. 15.

Nehmen wir an, jeder räumliche Gegenstand bestehe aus unendlich vielen Punkten, dann ist es klar, daß ich diese nicht alle namentlich anführen kann, wenn ich von jenem Gegenstand spreche. Hier wäre also ein Fall, wo ich zur vollständigen Analyse im alten Sinne gar nicht kommen *kann;* und vielleicht ist gerade dieser der gewöhnliche Fall.

Das ist doch klar, daß die Sätze, die die Menschheit ausschließlich benützt, daß diese, so wie sie stehen, einen Sinn haben werden und nicht erst auf eine zukünftige Analyse warten, um einen Sinn zu erhalten.

Nun scheint es aber doch eine legitime Frage: sind – z. B. – räumliche Gegenstände aus einfachen Teilen zusammengesetzt, kommt man bei ihrer Zerlegung auf Teile, die nicht mehr zerlegbar sind, oder ist dies nicht der Fall?

– Was für eine Art Frage ist aber dies? –

Ist es, A PRIORI, *klar, daß wir bei der Zerlegung auf einfache Bestandteile kommen müßten – liegt dies etwa schon im Begriff der Zerlegung –,* oder ist eine Zerlegbarkeit ad infinitum möglich? – Oder am Ende gar ein Drittes?

Jene Frage ist eine logische, und die Zusammengesetztheit der räumlichen Gegenstände ist eine logische, denn zu sagen, daß ein Ding ein Teil eines anderen sei, ist immer eine Tautologie.

Wie aber, wenn ich etwa sagen wollte, daß EIN Bestandteil einer Tatsache eine bestimmte Eigenschaft habe? Dann müßte ich sie namentlich anführen und eine logische Summe verwenden.

Gegen eine unendliche Zerlegbarkeit scheint auch nichts zu sprechen.

Und immer wieder drängt es sich uns auf, daß es etwas Einfaches, Unzerlegbares gibt, ein Element des Seins, kurz ein Ding.

Es geht zwar nicht gegen unser Gefühl, daß *wir* SÄTZE nicht soweit zerlegen können, um die Elemente namentlich anzuführen, aber wir fühlen, daß die WELT aus Elementen bestehen muß. Und es scheint, als sei das identisch mit dem Satz, die Welt müße eben sein, was sie ist, sie müße bestimmt sein. Oder mit anderen Worten, was schwankt, sind unsere Bestimmungen, nicht die Welt. Es scheint, als hieße die Dinge leugnen soviel als zu sagen: Die Welt könne sozusagen unbestimmt sein in dem Sinne etwa, in welchem unser Wissen unsicher und unbestimmt ist.

Die Welt hat eine feste Struktur.

Ob nicht die Darstellung durch unzerlegbare Namen *nur ein System* ist?

Alles, was ich will, ist ja nur vollständige Zerlegtheit *meines Sinnes*!! Mit anderen Worten, der Satz muß vollkommen artikuliert sein. Alles, was sein Sinn mit einem anderen Sinn gemeinsam hat, muß im Satz separat enthalten sein. Kommen Verallgemeinerungen vor, so müssen die Formen der besonderen Fälle ersichtlich sein. – Und es ist klar, daß diese Forderung berechtigt ist, sonst kann der Satz überhaupt kein Bild von *irgend etwas* sein.

Denn wenn im Satze Möglichkeiten *offen gelassen werden*, so muß *eben das bestimmt* sein: *was* offen gelassen wird. Die Verallgemeinerungen der Form – z. B. – müssen bestimmt sein. Was ich nicht weiß, das weiß ich nicht, aber der Satz muß mir zeigen, WAS ich weiß. Und ist dann nicht dies Bestimmte, zu dem ich kommen muß, gerade einfach in dem Sinn, der mir immer vorgeschwebt hat? Es ist sozusagen das Harte.

"Zusammengesetzte Gegenstände gibt es nicht", heißt dann also für uns: Im Satz muß klar sein, wie der Gegenstand zusammengesetzt ist, soweit wir überhaupt von seiner Zusammengesetztheit reden können. – Der Sinn des Satzes muß im Satze in seine *einfachen* Bestandteile zerlegt erscheinen –. Und diese Teile sind dann wirklich unzerlegbar, denn weiter zerlegte wären eben nicht DIESE. Mit anderen Worten, der Satz läßt sich eben dann nicht mehr durch einen ersetzen, welcher mehr Bestandteile hat, sondern jeder, der mehr Bestandteile hat, hat auch nicht *diesen* Sinn.

Immer, wenn der Sinn des Satzes vollkommen in ihm selbst ausgedrückt ist, ist der Satz in seine einfachen Bestandteile zerlegt – eine weitere Zerlegung ist unmöglich, und eine scheinbare überflüssig – und diese sind Gegenstände im ursprünglichen Sinne.

18. 6. 15.

Ist die Zusammengesetztheit eines Gegenstandes für den Sinn eines Satzes bestimmend, dann muß sie soweit im Satze abgebildet sein, als sie seinen Sinn bestimmt. Und soweit die Zusammensetzung für *diesen* Sinn *nicht* bestimmend ist, soweit sind die Gegenstände dieses Satzes *einfach*. SIE *können* nicht weiter zerlegt werden. –

Die Forderung der einfachen Dinge *ist* die Forderung der Bestimmtheit des Sinnes.

Denn rede ich etwa von dieser Uhr und meine damit etwas Komplexes, und es kommt auf die Zusammensetzung nicht an, so wird im Satz eine Verallgemeinerung auftreten, und ihre Grundformen werden, *soweit sie überhaupt gegeben sind*, vollkommen bestimmt sein.

Wenn es einen endlichen Sinn gibt, und einen Satz, der diesen vollständig ausdrückt, dann gibt es auch Namen für einfache Gegenstände.

Wenn nun aber ein einfacher Name einen unendlich komplexen Gegenstand bezeichnet? Wir sagen zum Beispiel etwas von einem Fleck unseres Gesichtsbilds aus, etwa, daß er rechts von einer Linie liege, und wir nehmen an, daß jeder Fleck unseres Gesichtsbilds unendlich komplex ist. Sagen wir dann von einem Punkt in jenem Fleck, daß er rechts von der Linie liege, dann folgt dieser Satz aus dem früheren, und wenn unendlich viele Punkte in dem Fleck liegen, *dann folgen unendlich viele Sätze verschiedenen Inhalts* LOGISCH *aus jenem ersten*! Und dies zeigt schon, daß er tatsächlich selbst unendlich komplex war. Nämlich nicht das Satzzeichen allein, wohl aber *mit seiner syntaktischen Verwendung.*

Nun ist es aber natürlich *sehr* leicht möglich, daß in Wirklichkeit *nicht* unendlich viele verschiedene Sätze aus einem solchen Satz folgen, weil unser Gesichtsbild vielleicht – oder wahrscheinlich – nicht aus unendlich vielen Teilen besteht, sondern jener kontinuierliche Gesichtsraum erst eine nachträgliche Konstruktion ist –; und dann folgt eben nur eine endliche Zahl Sätze aus dem bewußten, und er selbst ist in jedem Sinne *endlich.*

Aber beeinträchtigt nun diese *mögliche* unendliche Zusammengesetztheit des Sinnes dessen Bestimmtheit?

Man könnte die Bestimmtheit auch so fordern: Wenn ein Satz Sinn haben soll, so muß vorerst die syntaktische Verwendung jedes seiner Teile festgelegt sein. – Man kann z. B. nicht *erst nachträglich draufkommen*, daß ein Satz aus ihm folgt. Sondern z. B. welche Sätze aus einem Satz folgen, muß vollkommen feststehen, ehe dieser Satz einen Sinn haben kann!

Es scheint mir durchaus möglich, daß Flächen in unserem Gesichtsbild einfache Gegenstände sind, indem wir nämlich keinen einzigen Punkt dieser Fläche separat wahrnehmen; Gesichtsbilder von Sternen scheinen es sogar sicher zu sein. Wenn ich nämlich z. B. sage, diese Uhr liegt nicht in der Lade, so braucht daraus durchaus nicht LOGISCH FOLGEN, daß ein Rad, welches in der Uhr ist, nicht in der Lade liegt, denn *ich wußte* vielleicht *gar nicht*, daß das Rad in der Uhr war, habe daher auch nicht mit "diese Uhr" einen Komplex meinen können, in welchem das Rad vorkommt. Und es ist gewiß, daß ich – beiläufig gesprochen – nicht alle Teile meines *theoretischen* Gesichtsbildes sehe. Wer weiß, *ob* ich unendlich viele Punkte sehe!

Nehmen wir nun an, wir sähen einen kreisförmigen Fleck: ist die Kreisform seine *Eigenschaft*? Gewiß nicht. Sie scheint eine strukturelle "Eigenschaft" zu sein. Und wenn ich bemerke, daß ein Fleck kreisrund ist, bemerke ich da nicht eine unendlich komplexe strukturelle Eigenschaft? Oder ich bemerke nur, daß der Fleck eine endliche Ausdehnung hat, und auch das schon scheint eine unendlich komplexe Struktur *vorauszusetzen*.

Nicht: ein Satz folgt aus einem anderen, sondern die Wahrheit des einen folgt aus der Wahrheit des anderen. (Darum *folgt* aus "Alle Menschen sind sterblich", "Wenn Sokrates ein Mensch ist, so ist er sterblich".)

Es kann aber wohl ein Satz von unendlich vielen Punkten handeln ohne in einem gewissen Sinne unendlich komplex zu sein.

19. 6. 15.

Wenn wir sehen, daß unser Gesichtsbild komplex ist, so sehen wir aber auch, daß es aus *einfacheren* Teilen besteht.

Wir können, ohne eine bestimmte Anwendung im Auge zu haben von Funktionen der und jener Art reden.

Es schwebt uns nämlich kein Beispiel vor, wenn wir Fx und alle anderen variablen Formzeichen benutzen.

Kurz: Wenn wir die Urbilder nur bei Namen anwenden würden, so wäre die Möglichkeit, daß wir die Existenz der Urbilder aus der Existenz ihrer einzelnen Fälle erkennen würden. Nun aber wenden wir *Variable* an, das heißt, wir reden sozusagen von den Urbildern allein, ganz abgesehen von irgend welchen einzelnen Fällen.

Wir bilden das Ding, die Relation, die Eigenschaft vermittelst Variablen ab und zeigen so, daß wir diese Ideen nicht aus gewissen uns vorkommenden Fällen ableiten, sondern sie irgendwie a priori besitzen.

Es fragt sich nämlich: Wenn die einzelnen Formen mir sozusagen in der Erfahrung gegeben sind, dann darf ich doch in der Logik von ihnen nicht Gebrauch machen, dann darf ich eigentlich kein x und kein ϕy schreiben. Aber das kann ich doch gar nicht vermeiden.

Beiläufig gefragt: handelt die Logik von gewissen Gattungen von Funktionen und dergleichen? Und wenn nicht, was bedeuten dann Fx, ϕz u.s.w. in der Logik?

Dies müßen dann Zeichen allgemeinerer Bedeutung sein!

Das Aufstellen einer Art logischen Inventars, wie ich mir das früher vorstellte, scheint es doch wohl nicht zu geben.

Die Bestandteile des Satzes müssen einfach sein = Der Satz muß vollkommen artikuliert sein.

Nun SCHEINT dies aber den Tatsachen zu widersprechen? –

In der Logik nämlich wollen wir scheinbar Idealbilder artikulierter Sätze vorführen. Aber wie ist das möglich?

Oder können wir einen Satz wie "die Uhr liegt auf dem Tisch" ohne weiteres nach den Regeln der Logik behandeln? Nein. Da sagen wir z. B., daß die Zeitangabe in dem Satze verschwiegen ist, daß er nur scheinbar... etc. etc.

Also ehe wir ihn behandeln können, müssen wir ihn, wie es scheint, auf eine gewisse Art und Weise umgestalten.

Aber dies ist vielleicht nicht maßgebend, denn könnten wir nicht ebensogut unsere gewohnte *logische* Schreibweise dem speziellen Satz anpassen?

20. 6. 15.

Ja, darum handelt es sich: Könnten wir mit Recht die Logik, wie sie etwa in den "Principia Mathematica" steht, ohne weiteres auf die *gebräuchlichen Sätze* anwenden?

Natürlich dürfen wir nicht außeracht lassen, was in unseren Sätzen durch Endungen, Vorsilben, Umlaute etc. etc. *ausgedrückt* ist.

Aber wir wenden ja die Mathematik, und zwar mit bestem Erfolge, auf die gewöhnlichen Sätze, nämlich auf die der Physik, an!!

Aber wie merkwürdig: in den bekannten Lehrsätzen der mathematischen Physik erscheinen weder Dinge noch Funktionen noch Relationen noch sonst logische Gegenstandsformen!! Statt der Dinge haben wir da Zahlen, und die Funktionen und Relationen sind durch weg rein mathematisch!!

Aber es ist doch Tatsache, daß diese Sätze auf die solide Wirklichkeit angewandt werden.

Die Variablen in jenen Lehrsätzen stehen durchaus nicht – wie man häufig sagt – für Längen, Gewichte, Zeiträume etc., sondern sie stehen einfach für Zahlen und weiter nichts.

Wenn ich nun aber die Zahlen anwenden will, dann komme ich zu den Relationen, den Dingen etc. etc. Ich sage z. B.: diese Länge ist 5 Meter und spreche da von Relationen und Dingen, und zwar in dem *ganz gewöhnlichen* Sinne.

Wir kommen hier zur Frage nach der Bedeutung der Variablen in den physikalischen Sätzen. Diese sind ja keine Tautologien.

Der physikalische Satz ohne Angabe seiner Anwendung ist offenbar sinnlos. Was hätte es für einen Sinn zu sagen: "$k = m \times p$"?

Also handelt der vervollständigte physikalische Satz doch von den Dingen, Relationen u.s.w. (Was eigentlich zu erwarten war.)

Es liegt nun alles darin, daß ich die Zahlen auf die gewöhnlichen Dinge etc. anwende, was wieder nicht mehr sagt, als daß in unseren ganz gewöhnlichen Sätzen Zahlen vorkommen.

Die Schwierigkeit ist eigentlich die: daß, wenn wir auch einen *ganz bestimmten* Sinn ausdrücken wollen, die Möglichkeit besteht, daß wir dieses Ziel verfehlen. Es scheint also sozusagen, daß wir keine Garantie haben, daß unser Satz wirklich ein Bild der Wirklichkeit ist.

Die Zerlegung der Körper in *materielle Punkte*, wie wir sie in der Physik haben, ist weiter nichts als die Analyse in *einfache Bestandteile.*

Aber sollte es möglich sein, daß die von uns gewöhnlich gebrauchten Sätze gleichsam nur einen unvollkommenen Sinn haben (ganz abgesehen von ihrer Wahr- oder Falschheit) und die physikalischen Sätze sich sozusagen dem Stadium nähern, wo ein Satz wirklich einen vollkommenen Sinn hat??

Wenn ich sage "das Buch liegt auf dem Tisch", hat dies wirklich einen vollkommen klaren Sinn? (Eine HÖCHST bedeutungsvolle Frage!)

Der Sinn muß doch klar sein, denn *etwas* meinen wir doch mit dem Satz, und soviel als wir *sicher* meinen, muß doch klar sein.

Wenn der Satz "das Buch liegt auf dem Tisch" einen klaren Sinn hat, dann muß ich, was immer auch *der Fall ist*, sagen können, ob der Satz wahr oder falsch ist. Es könnten aber sehr wohl *Fälle* eintreten, in welchen ich nicht ohne weiteres sagen könnte, ob das Buch noch "auf dem Tisch liegend" zu nennen ist. Also?

Ist also etwa der Fall der, daß ich zwar genau weiß was ich sagen will, aber dann im Ausdruck Fehler mache?

Oder kann diese Unsicherheit AUCH noch in den Satz eingeschlossen werden?

Aber es kann auch sein, daß der Satz "das Buch liegt auf dem Tisch" meinen Sinn zwar vollkommen darstellt, daß ich aber die Worte z. B. "darauf-liegen", hier in einer speziellen Bedeutung gebrauche: und es anderswo eine andere Bedeutung hat. Ich meine mit dem Verbum etwa die ganz spezielle Relation, die das Buch jetzt wirklich zu dem Tisch hat.

Sind also im Grunde die Sätze der Physik und die Sätze des gewöhnlichen Lebens gleich scharf, und besteht der Unterschied nur in der konsequenteren Anwendung der Zeichen in der Sprache der Wissenschaft??

Kann man davon reden oder nicht, daß ein Satz einen mehr oder weniger scharfen Sinn hat??

Es scheint klar, daß das, was wir MEINEN, immer "*scharf*" sein muß. Unser Ausdruck dessen, was wir meinen, kann wieder nur richtig oder falsch sein. Und nun können noch die Worte konsequent oder inkonsequent angewendet sein. Eine andere Möglichkeit scheint es nicht zu geben.

Wenn ich z. B. sage "der Tisch ist einen Meter lang", so ist es höchst fraglich, was ich damit meine. Aber ich meine wohl "der Abstand DIESER zwei Punkte ist ein Meter, und die Punkte gehören zum Tisch".

Wir sagten, die Mathematik würde ja schon mit Erfolg auf gewöhnliche Sätze angewandt, aber die Sätze der Physik handeln durchwegs von anderen Gegenständen als denen unserer gewöhnlichen Sprache! Müssen unsere Sätze *so* präpariert werden, um mathematisch behandelt werden zu könne ? Offenbar ja! Wenn Quantitäten in Frage kommen, so wurde z. B. ein Ausdruck wie "die Länge dieses Tisches" nicht genügen. Diese Länge müßte definiert werden, etwa als Abstand zweier Flächen etc. etc.

Ja, die mathematischen Wissenschaften unterscheiden sich von den nicht mathematischen dadurch, daß jene von Dingen handeln, von welchen di gewöhnliche Sprache nicht spricht, während diese von den allgemein bekannten Dingen redet. –

21. 6. 15.

Unsere Schwierigkeit war doch die, daß wir immer von einfachen Gegenständen sprachen und nicht einen einzigen anzuführen wußten.

Wenn der Punkt im Raume nicht existiert dann existieren auch seine Koordinaten nicht, und wenn die Koordinaten existieren dann existiert auch der Punkt. So ist es in der Logik.

Das einfache Zeichen ist *wesentlich einfach.*

Es fungiert als einfacher Gegenstand. (Was heißt das?)

Seine Zusammensetzung wird vollkommen *gleichgültig*. Sie verschwindet uns aus den Augen.

Es scheint immer so, als ob es komplexe Gegenstände gäbe, die als einfache fungieren und dann auch *wirklich* einfache, wie die materiellen Punkte der Physik, etc.

Daß ein Name einen komplexen Gegenstand bezeichnet sieht man aus einer Unbestimmtheit in den Sätzen, in welchen er vorkommt, die eben von der Allgemeinheit solcher Sätze herrührt. Wir *wissen*, durch diesen Satz ist noch nicht alles bestimmt. Die Allgemeinheitsbezeichnung *enthält* ja ein Urbild.

Alle unsichtbaren Massen etc. etc. müssen unter die Allgemeinheitsbezeichnung kommen.

Wie ist das, wenn sich Sätze der Wahrheit nähern?

Aber die Logik, wie sie etwa in den "Principia Mathematica" steht, läßt sich ganz gut auf unsere gewöhnlichen Sätze anwenden. Z. B. aus "Alle Menschen sind sterblich" und "Sokrates ist ein Mensch" folgt nach dieser Logik "Sokrates ist sterblich", was offenbar richtig ist, obwohl ich, ebenso offenbar, nicht weiß, welche Struktur das Ding Sokrates oder die Eigenschaft der Sterblichkeit hat. Diese fungieren eben hier als einfache Gegenstände.

Offenbar garantiert schon der Umstand, der es möglich macht, daß gewisse Formen durch eine Definition in einen Namen projiziert werden, dafür, daß dieser Name dann auch wie ein wirklicher behandelt werden kann.

Es ist jedem Klarsehenden offenbar, daß ein Satz wie "Diese Uhr liegt auf dem Tisch" eine Menge Unbestimmtheit enthält, trotzdem seine Form äußerlich vollkommen klar und einfach erscheint. Wir *sehen* also, daß diese Einfachheit nur konstruiert ist.

22. 6. 15.

Es ist also auch *dem* UNBEFANGENEN *Geist* klar, daß der Sinn des Satzes "die Uhr liegt auf dem Tisch" komplizierter ist als der Satz selbst.

Die Abmachungen unserer Sprache sind außerordentlich kompliziert. Es wird enorm viel zu jedem Satz dazugedacht, was nicht gesagt wird. (Diese Abmachungen sind ganz wie die "Conventions" Whiteheads. Sie sind wohl Definitionen mit *einer gewissen Allgemeinheit der Form*.)

Ich will nur die Vagheit der gewöhnlichen Sätze rechtfertigen, denn sie *läßt* sich rechtfertigen.

Es ist klar: *Ich weiß*, was ich mit dem vagen Satz *meine*. Nun versteht es aber ein Anderer nicht und sagt "ja aber wenn du das meinst, hättest du – das und das – dazu setzen müssen"; und nun wird es noch Einer nicht verstehen und den Satz noch ausführlicher verlangen. Ich werde dann antworten: Ja, DAS versteht sich *doch von selbst*.

Sage ich jemandem "die Uhr liegt auf dem Tisch", und nun sagt er "ja aber wenn die Uhr so und so läge, würdest du da auch noch sagen, 'sie liegt auf dem Tisch'". Und ich würde unsicher. Das zeigt, daß ich nicht wußte, was ich mit dem "liegen" *im Allgemeinen* meinte. Wenn man mich so in die Enge triebe, um mir zu zeigen, daß ich nicht wisse, was ich meine, würde ich sagen: "*Ich weiß*, was ich meine; ich meine eben DAS" und würde dabei etwa auf den betreffenden Komplex mit dem Finger zeigen. Und in diesem Komplex habe ich nun tatsächlich die zwei Gegenstände in einer Relation. – Das heißt aber *wirklich* nur: Die Tatsache läßt sich IRGENDWIE auch durch diese Form abbilden.

Wenn ich dies nun tue und die Gegenstände mit *Namen* bezeichne werden sie dadurch einfach?

Aber doch ist dieser Satz ein Bild jenes Komplexes. Dieser Gegenstand ist für *mich einfach*!

Nenne ich z. B. irgend einen Stab "A", eine Kugel "B", so kann ich von A sagen, es lehnt an der Wand, aber nicht von B. Hier macht sich die interne Natur von A und B bemerkbar.

Wenn ein Name einen Gegenstand bezeichnet, so steht er damit in einer Beziehung zu ihm, die ganz von der logischen Art des Gegenstandes bedingt ist und diese wieder charakterisiert.

Und das ist klar, daß der Gegenstand eine bestimmte logische Art haben muß, er ist so zusammengesetzt oder so einfach als er eben ist.

"Die Uhr *sitzt* auf dem Tisch" ist sinnlos!

Nur der zusammengesetzte Teil des Satzes kann wahr oder falsch sein.

Der Name faßt seine ganze komplexe Bedeutung in Eins zusammen.

15. 4. 16.

Nur was wir selbst konstruieren, können wir voraussehen!

Aber wo bleibt da der Begriff des einfachen Gegenstandes? Dieser Begriff kommt hier überhaupt noch nicht in Betracht.

Wir müßten die einfachen Funktionen darum konstruieren können, weil wir jedem Zeichen eine Bedeutung geben können müssen.

Denn das einzige Zeichen, welches für seine Bedeutung bürgt, ist Funktion und Argument.

16. 4. 16.

Jeder einfache Satz läßt sich auf die Form ϕx bringen.

Darum darf man aus dieser Form alle einfachen Sätze zusammen stellen.

Angenommen, mir wären *alle* einfachen Sätze gegeben: Dann läßt sich einfach fragen: welche Sätze kann ich aus ihnen bilden. Und das sind *alle* Sätze, und *so* sind sie *begrenzt.*

(p): p = aRx.xRy … zRb

17. 4. 16.

Die obige Definition kann in ihrer Allgemeinheit nur eine Schriftzeichenregel sein, die mit dem Sinne der Zeichen nichts zu tun hat.

Aber kann es eine solche Regel geben?

Nur dann ist die Definition möglich, wenn sie selbst kein Satz ist.

Dann kann ein Satz nicht von allen Sätzen handeln, wohl aber eine Definition.

23. 4. 16.

Die obige Definition handelt aber gar nicht von allen Sätzen, denn sie enthält wesentlich wirkliche Variable. Sie ist ganz analog einer Operation, als deren Basis auch ihr eigenes Resultat genommen werden kann.

26. 4. 16.

So und nur so ist das Fortschreiten von einer Type zur anderen möglich.

Und man kann sagen, alle Typen stehen in Hierarchien.

Und die Hierarchie ist nur möglich durch den Aufbau, durch die Operation.

Die empirische Realität ist begrenzt durch die Zahl der Gegenstände.

Die Grenze zeigt sich wieder in der Gesamtheit der einfachen Sätze.

Die Hierarchien sind und müssen unabhängig sein von der Realität.

Die Bedeutungen ihrer Glieder werden erst durch Zuordnung der Gegenstände zu den Namen bestimmt.

27. 4. 16.

Sagen wir, ich wollte eine Funktion von 3 unter einander unauswechselbaren Argumenten darstellen.

$\phi(x): \phi(\ ), x$

Soll nun aber in der Logik von unvertauschbaren Argumenten die Rede sein? Wenn ja, so setzt dies doch etwas über die Beschaffenheit der Realität voraus.

6. 5. 16.

Der ganzen Weltanschauung der Modernen liegt diese Täuschung zu Grunde, daß die sogenannten Naturgesetze die Erklärungen der Naturerscheinungen seien.

So bleiben sie bei den "Naturgesetzen" als bei etwas *Unantastbarem* stehen, wie die Älteren bei Gott und dem Schicksal.

Und sie haben ja beide recht und unrecht. Die Alten sind allerdings insofern klarer, als sie einen klaren Abschluß anerkannten, während es bei dem neuen System scheinen soll, als sei *alles* begründet.

11. 5. 16.

| P | (a, a)

Es gibt eben auch Operationen mit zwei Basen. Und die "|"-Operation ist von dieser Art.

| (ξ, η) ... ist ein beliebiges Glied der Reihe der Operationsresultate.

$(\exists x).\phi x$

Ist denn $(\exists x)$ etc. wirklich eine Operation?

Was wäre aber ihre Basis?

11. 6. 16.

Was weiß ich über Gott und den Zweck des Lebens?

Ich weiß, daß diese Welt ist.

Daß ich in ihr stehe, wie mein Auge in seinem Gesichtsfeld.

Daß etwas an ihr problematisch ist, was wir ihren Sinn nennen.

Daß dieser Sinn nicht in ihr liegt sondern außer ihr.

Daß das Leben die Welt ist.

Daß mein Wille die Welt durchdringt.

Daß mein Wille gut oder böse ist.

Daß also Gut und Böse mit dem Sinn der Welt irgendwie zusammenhängt.

Den Sinn des Lebens, d. i. den Sinn der Welt, können wir Gott nennen.

Und das Gleichnis von Gott als einem Vater daran knüpfen.

Das Gebet ist der Gedanke an den Sinn des Lebens.

Ich kann die Geschehnisse der Welt nicht nach meinem Willen lenken, sondern bin vollkommen machtlos.

Nur so kann ich mich unabhängig von der Welt machen – und sie also doch in gewissem Sinne beherrschen – indem ich auf einen Einfluß auf die Geschehnisse verzichte.

5. 7. 16.

Die Welt ist unabhängig von meinem Willen.

Auch wenn alles, was wir wünschen, geschähe, so wäre das doch nur sozusagen eine Gnade des Schicksals, denn es ist kein logischer Zusammenhang zwischen Willen und Welt, der dies verbürgte, und den angenommenen physikalischen könnten wir doch nicht wieder wollen.

Wenn das gute oder böse Wollen eine Wirkung auf die Welt hat, so kann es sie nur auf die Grenzen der Welt haben, nicht auf die Tatsachen, auf das, was durch die Sprache nicht abgebildet, sondern nur in der Sprache gezeigt werden kann.

Kurz, die *Welt* muß dann dadurch überhaupt eine andere werden.

Sie muß sozusagen als Ganzes zunehmen oder abnehmen. Wie durch Dazukommen oder Wegfallen eines Sinnes.

Wie auch beim Tod die Welt sich nicht ändert, sondern aufhört zu sein.

6. 7. 16.

Und insofern hat wohl auch Dostojewski recht, wenn er sagt, daß der, welcher glücklich ist, den Zweck des Daseins erfüllt.

Oder man könnte auch so sagen, der erfüllt den Zweck des Daseins, der keinen Zweck außer dem Leben mehr braucht. Das heißt nämlich, der befriedigt ist.

Die Lösung des Problems des Lebens merkt man am Verschwinden dieses Problems.

Kann man aber so leben, daß das Leben aufhört, problematisch zu sein? Daß man im Ewigen *lebt* und nicht in der Zeit?

7. 7. 16.

Ist nicht dies der Grund, warum Menschen, denen der Sinn des Lebens nach langen Zweifeln klar wurde, warum diese dann nicht sagen konnten, worin dieser Sinn bestand.

Wenn ich mir eine "*Art* von Gegenständen" denken kann, ohne zu wissen, ob es solche Gegenstände gibt, so muß ich mir ihr Urbild konstruiert haben.

Beruht hierauf nicht die Methode der Mechanik?

8. 7. 16.

An einen Gott glauben heißt, die Frage nach dem Sinn des Lebens verstehen.

An einen Gott glauben heißt sehen, daß es mit den Tatsachen der Welt noch nicht abgetan ist.

An Gott glauben heißt sehen, daß das Leben einen Sinn hat.

Die Welt ist mir *gegeben*, d. h. mein Wille tritt an die Welt ganz von außen als an etwas Fertiges heran.

(Was mein Wille ist, das weiß ich noch nicht.)

Daher haben wir das Gefühl, daß wir von einem fremden Willen abhängig sind.

Wie dem auch sei, jedenfalls *sind* wir in einem gewissen Sinne abhängig und das, wovon wir abhängig sind, können wir Gott nennen.

Gott wäre in diesem Sinne einfach das Schicksal oder, was dasselbe ist: die – von unserem Willen unabhängige – Welt.

Vom Schicksal kann ich mich unabhängig machen.

Es gibt zwei Gottheiten: die Welt und mein unabhängiges Ich.

Ich bin entweder glücklich oder unglücklich, das ist alles. Man kann sagen: gut oder böse gibt es nicht.

Wer glücklich ist, der darf keine Furcht haben. Auch nicht vor dem Tode.

Nur wer nicht in der Zeit, sondern in der Gegenwart lebt, ist glücklich.

Für das Leben in der Gegenwart gibt es keinen Tod.

Der Tod ist kein Ereignis des Lebens. Er ist keine Tatsache der Welt.

Wenn man unter Ewigkeit nicht unendliche Zeitdauer, sondern Unzeitlichkeit versteht, dann kann man sagen, daß der ewig lebt, der in der Gegenwart lebt.

Um glücklich zu leben, muß ich in Übereinstimmung sein mit der Welt. Und dies *heißt* ja "glücklich sein".

Ich bin dann sozusagen in Übereinstimmung mit jenem fremden Willen, von dem ich abhängig erscheine. Das heißt: 'ich tue den Willen Gottes'.

Die Furcht vor dem Tode ist das beste Zeichen eines falschen, d. h. schlechten Lebens.

Wenn mein Gewissen mich aus dem Gleichgewicht bringt, so bin ich nicht in Übereinstimmung mit Etwas. Aber was ist das? Ist es *die Welt*?

Gewiß ist es richtig zu sagen: Das Gewissen ist die Stimme Gottes.

Zum Beispiel: es macht mich unglücklich zu denken, daß ich den und den beleidigt habe. Ist das mein Gewissen?

Kann man sagen: "Handle nach deinem Gewissen, es sei beschaffen wie es mag"?

Lebe glücklich!

9. 7. 16.

Wenn man nicht die allgemeinste Satzform angeben könnte, dann müßte ein Moment kommen, wo wir plötzlich eine neue Erfahrung machen, sozusagen eine logische.

Dies ist natürlich unmöglich.

Nicht vergessen, daß $(\exists x)fx$ nicht heißt: es gibt ein x so daß fx, sondern: es gibt einen wahren Satz "fx".

Der Satz fa spricht von bestimmten Gegenständen, der allgemeine Satz von *allen* Gegenständen.

11. 7. 16.

Der bestimmte Gegenstand ist eine sehr merkwürdige Erscheinung.

Statt "alle Gegenstände" könnte man sagen: alle *bestimmten Gegenstände*.

Wenn alle bestimmten Gegenstände gegeben sind, sind "alle Gegenstände" gegeben.

Kurz, mit den bestimmten Gegenständen sind alle Gegenstände gegeben.

Wenn es Gegenstände gibt, gibt es damit auch "alle Gegenstände".

Darum muß sich auch die Einheit der Elementarsätze und der allgemeinen Sätze herstellen lassen.

Wenn nämlich die Elementarsätze gegeben sind, so sind damit auch *alle* Elementarsätze gegeben und damit der allgemeine Satz. – Und ist damit nicht schon die Einheit hergestellt?

13. 7. 16.

Immer wieder fühlt man, daß auch im Elementarsatz von allen Gegenständen die Rede ist.

$$(\exists x)\phi x . x = a$$

Wenn zwei Operationen gegeben sind, die sich nicht auf *eine* reduzieren lassen, so muß sich zum mindesten eine allgemeine Form ihrer Kombination aufstellen lassen.

$$\phi x, \psi y \mid \chi z , (\exists x). , (x).$$

Da sich offenbar leicht erklären läßt, wie mit diesen Operationen sich Sätze bilden lassen und wie Sätze nicht zu bilden sind, so muß sich dies auch *irgendwie* exakt ausdrücken lassen.

14. 7. 16.

Und dieser Ausdruck muß auch schon in der allgemeinen Form des Operationszeichens gegeben sein.

Ja muß dies nicht der einzige legitime Ausdruck der Anwendung der Operation sein? Offenbar ja!

Denn wenn die Operationsform überhaupt ausgedrückt werden kann, dann muß sie es so, daß sie nur richtig angewendet werden *kann.*

Der Mensch kann sich nicht ohne weiteres glücklich machen. Wer in der Gegenwart lebt, lebt ohne Furcht und Hoffnung.

21. 7. 16.

Was für eine Bewandtnis hat es eigentlich mit dem menschlichen Willen? Ich will "Willen" vor allem den Träger von Gut und Böse nennen.

Stellen wir uns einen Menschen vor, der keines seiner Glieder gebrauchen und daher im gewöhnlichen Sinne seinen *Willen* nicht betätigen könnte. Er könnte aber denken und *wünschen* und einem Anderen seine Gedanken mitteilen. Könnte also auch durch den Anderen Böses oder Gutes tun. Dann ist klar, daß die Ethik auch für ihn Geltung hätte, und er im *ethischen Sinne* Träger eines *Willens* ist.

Ist nun ein prinzipieller Unterschied zwischen diesem Willen und *dem*, der den menschlichen Körper in Bewegung setzt?

Oder liegt hier der Fehler darin, daß auch schon das *Wünschen* (resp. Denken) eine Handlung des Willens ist? (Und in diesem Sinne wäre allerdings der Mensch *ohne* Willen nicht lebendig.)

Ist aber ein Wesen denkbar, das nur vorstellen (etwa sehen), aber gar nicht wollen könnte? In irgend einem Sinne scheint dies unmöglich. Wäre es aber möglich, dann könnte es auch eine Welt geben ohne Ethik.

24. 7. 16.

Die Welt und das Leben sind Eins.

Das physiologische Leben ist natürlich nicht "das Leben". Und auch nicht das psychologische. Das Leben ist die Welt.

Die Ethik handelt nicht von der Welt. Die Ethik muß eine Bedingung der Welt sein, wie die Logik.

Ethik und Aesthetik sind Eins.

29. 7. 16.

Denn daß der Wunsch mit seiner Erfüllung in keinem logischen Zusammenhang steht, ist eine logische Tatsache. Und daß die Welt des Glücklichen eine *andere* ist als die Welt des Unglücklichen, ist auch klar.

Ist sehen eine Tätigkeit?

Kann man gut wollen, böse wollen und nicht wollen? Oder ist nur der glücklich, der *nicht* will?

"Seinen Nächsten lieben", das hieße wollen!

Kann man aber wünschen und doch nicht unglücklich sein, wenn der Wunsch nicht in Erfüllung geht? (Und diese Möglichkeit besteht ja immer.)

Ist es, nach den allgemeinen Begriffen, gut, seinem Nächsten *nichts* zu wünschen, weder Gutes noch Schlechtes?

Und doch scheint in einem gewissen Sinne das Nichtwünschen das einzig Gute zu sein.

Hier mache ich noch grobe Fehler! Kein Zweifel!

Allgemein wird angenommen, daß es böse ist, dem Anderen Unglück zu wünschen. Kann das richtig sein? Kann es schlechter sein, als dem Anderen Glück zu wünschen?

Es scheint da sozusagen darauf anzukommen, *wie* man wünscht.

Man scheint nicht mehr sagen zu können als: Lebe glücklich!

Die Welt des Glücklichen ist eine andere als die des Unglücklichen.

Die Welt des Glücklichen ist *eine glückliche Welt.*

Kann es also eine Welt geben, die weder glücklich noch unglücklich ist?

30. 7. 16.

Der erste Gedanke bei der Aufstellung eines allgemeinen ethischen Gesetzes von der Form "Du sollst..." ist: "Und was dann, wenn ich es nicht tue?"

Es ist aber klar, daß die Ethik nichts mit Strafe und Lohn zu tun hat. Also muß diese Frage nach den Folgen einer Handlung belanglos sein. Zum mindesten dürfen diese Folgen nicht Ereignisse sein. Denn etwas muß doch an jener Fragestellung richtig sein. Es muß zwar eine *Art* von ethischem Lohn und ethischer Strafe geben, aber diese müssen in der Handlung selbst liegen.

Und das ist auch klar, daß der Lohn etwas Angenehmes, die Strafe etwas Unangenehmes sein muß.

Immer wieder komme ich darauf zurück, daß einfach das glückliche Leben gut, das unglückliche schlecht ist. Und wenn ich mich *jetzt* frage: aber *warum* soll ich gerade glücklich leben, so erscheint mir das von selbst als eine tautologische Fragestellung; es scheint, daß sich das glückliche Leben von selbst rechtfertigt, daß es das einzig richtige Leben *ist.*

Alles dies ist eigentlich in gewissem Sinne tief geheimnisvoll! *Es ist klar*, daß sich die Ethik nicht aussprechen *läßt*!

Man könnte aber so sagen: Das glückliche Leben scheint in irgend einem Sinne *harmonischer* zu sein als das unglückliche. In welchem aber??

Was ist das objektive Merkmal des glücklichen, harmonischen Lebens? Da ist es wieder klar, daß es kein solches Merkmal, das sich *beschreiben* ließe, geben kann.

Dies Merkmal kann kein physisches, sondern nur ein metaphysisches, ein transcendentes sein.

Die Ethik ist transcendent.

1. 8. 16.

Wie sich alles verhält, ist Gott.

Gott ist, wie sich alles verhält.

Nur aus dem Bewußtsein der *Einzigkeit meines Lebens* entspringt Religion – Wissenschaft – und Kunst.

2. 8. 16.

Und dieses Bewußtsein ist das Leben selber.

Kann es eine Ethik geben, wenn es außer mir kein Lebewesen gibt?

Wenn die Ethik etwas Grundlegendes sein soll: ja!

Wenn ich recht habe, so genügt es nicht zum ethischen Urteil, daß eine Welt gegeben sei.

Die Welt ist dann an sich weder gut noch böse.

Denn es muß für die Existenz der Ethik gleich bleiben, ob es auf der Welt lebende Materie gibt oder nicht. Und es ist klar, daß eine Welt, in der nur tote Materie ist, an sich weder gut noch böse ist, also kann auch die Welt der Lebewesen an sich weder gut noch böse sein.

Gut und Böse tritt erst durch das *Subjekt* ein. Und das Subjekt gehört nicht zur Welt, sondern ist eine Grenze der Welt.

Man könnte (Schopenhauerisch) sagen: Die Welt der Vorstellung ist weder gut noch böse, sondern das wollende Subjekt.

Die völlige Unklarheit aller dieser Sätze ist mir bewußt.

Nach dem Früheren müßte also das wollende Subjekt glücklich oder unglücklich sein, und Glück und Unglück können nicht zur Welt gehören.

Wie das Subjekt kein Teil der Welt ist, sondern eine Voraussetzung ihrer Existenz, so sind gut und böse Prädikate des Subjekts, nicht Eigenschaften in der Welt.

Ganz verschleiert ist hier das Wesen des Subjekts.

Ja, meine Arbeit hat sich ausgedehnt von den Grundlagen der Logik zum Wesen der Welt.

4. 8. 16.

Ist nicht am Ende das vorstellende Subjekt bloßer Aberglaube?

Wo in der Welt ist ein metaphysisches Subjekt zu merken?

Du sagst, es verhält sich hier ganz wie bei Auge und Gesichtsfeld. Aber das Auge siehst du wirklich *nicht*.

Und ich glaube, daß nichts am Gesichtsfeld darauf schließen läßt, daß es von einem Auge gesehen wird.

5. 8. 16.

Das vorstellende Subjekt ist wohl leerer Wahn. Das wollende Subjekt aber gibt es.

Wäre der Wille nicht, so gäbe es auch nicht jenes Zentrum der Welt, das wir das Ich nennen, und das der Träger der Ethik ist.

Gut und böse ist wesentlich nur das Ich, nicht die Welt.

Das Ich, das Ich ist das tief Geheimnisvolle!

7. 8. 16.

Das Ich ist kein Gegenstand.

11. 8. 16.

Jedem Gegenstand stehe ich objektiv gegenüber. Dem Ich nicht.

Es gibt also wirklich eine Art und Weise, wie in der Philosophie *in einem nicht psychologischen Sinne* vom Ich die Rede sein kann und muß.

12. 8. 16.

Das Ich tritt in die Philosophie dadurch ein, daß die Welt *meine* Welt ist.

Das Gesichtsfeld hat nämlich nicht etwa eine solche Form:

Auge—

Das hängt damit zusammen, daß kein Teil unserer Erfahrung a priori ist.

Alles, was wir sehen, könnte auch anders sein.

Alles, was wir überhaupt beschreiben können, könnte auch anders sein.

13. 8. 16.

Angenommen, der Mensch könnte seinen Willen nicht betätigen, müßte aber alle Not dieser Welt leiden, was könnte ihn dann glücklich machen?

Wie kann der Mensch überhaupt glücklich sein, da er doch die Not dieser Welt nicht abwehren kann?

Eben durch das Leben der Erkenntnis.

Das gute Gewissen ist das Glück, welches das Leben der Erkenntnis gewährt.

Das Leben der Erkenntnis ist das Leben, welches glücklich ist, der Not der Welt zum Trotz.

Nur das Leben ist glücklich, welches auf die Annehmlichkeiten der Welt verzichten kann.

Ihm sind die Annehmlichkeiten der Welt nur so viele Gnaden des Schicksals.

16. 8. 16.

Daß ein Punkt nicht zugleich rot und grün sein kann, muß dem ersten Anschein nach keine *logische* Unmöglichkeit sein. Aber schon die physikalische Ausdrucksweise reduziert sie zu einer kinetischen Unmöglichkeit. Man sieht, zwischen Rot und Grün besteht eine Verschiedenheit der Struktur.

Und nun ordnet sie die Physik gar noch in eine Reihe. Und nun sieht man, wie hier die wahre Struktur der Gegenstände ans Licht gebracht wird.

Daß ein Teilchen nicht zu gleicher Zeit an zwei Orten sein kann, das sieht schon vielmehr aus wie eine *logische* Unmöglichkeit.

Fragen wir z. B. warum, so taucht sofort der Gedanke auf: Nun wir würden eben Teilchen, die sich an zwei Orten befänden, verschiedene nennen, und das scheint alles wieder aus der Struktur des Raumes und der Teilchen zu folgen.

17. 8. 16.

Operation ist der Übergang von einem Glied zum folgenden einer Formen-Reihe.

Operation und Formen-Reihe sind Äquivalente.

29. 8. 16.

Die Frage ist, ob die gewöhnliche, kleine Anzahl von Grundoperationen genügt, um alle möglichen Operationen herzustellen.

Es scheint, daß dies so sein muß.

Man kann auch fragen, ob man von jedem Ausdruck auf jeden verwandten mit jenen Grundoperationen übergehen kann.

2. 9. 16.

Hier sieht man, daß der Solipsismus streng durchgeführt mit dem reinen Realismus zusammenfällt.

Das Ich des Solipsismus schrumpft zum ausdehnungslosen Punkt zusammen, und es bleibt die ihm koordinierte Realität bestehen.

Was geht mich die Geschichte an? Meine Welt ist die erste und einzige!

Ich will berichten, wie *ich* die Welt vorfand.

Was andere mir auf der Welt über die Welt sagten, ist ein ganz kleiner und nebensächlicher Teil meiner Welt-Erfahrung.

Ich habe die Welt zu beurteilen, die Dinge zu messen.

Das philosophische Ich ist nicht der Mensch, nicht der menschliche Körper oder die menschliche Seele mit den psychologischen Eigenschaften, sondern das metaphysische Subjekt, die Grenze (nicht ein Teil) der Welt. Der menschliche Körper aber, *mein* Körper insbesondere, ist ein Teil der Welt unter anderen Teilen der Welt, unter Tieren, Pflanzen, Steinen etc. etc.

Wer das einsieht, wird seinem Körper oder dem menschlichen Körper nicht eine bevorzugte Stelle in der Welt einräumen wollen.

Er wird Menschen und Tiere ganz naiv als ähnliche und zusammengehörige Dinge betrachten.

11. 9. 16.

Die Art und Weise, wie die Sprache bezeichnet, spiegelt sich in ihrem Gebrauche wieder.

Daß die Farben keine Eigenschaften sind, zeigt die Analyse der Physik, zeigen die internen Relationen, in welchen die Physik die Farben zeigt.

Wende dies auch auf Klänge an.

12. 9. 16.

Jetzt wird klar, warum ich dachte, Denken und Sprechen wäre dasselbe. Das Denken nämlich ist eine Art Sprache. Denn der Gedanke ist natürlich *auch* ein logisches Bild des Satzes und somit ebenfalls eine Art Satz.

19. 9. 16.

Die Menschheit hat immer nach einer Wissenschaft gesucht in welcher simplex sigillum veri ist.

Es kann nicht eine ordentliche oder eine unordentliche Welt geben, so daß man sagen könnte, unsere Welt ist ordentlich. Sondern in Jeder möglichen Welt ist eine, wenn auch komplizierte Ordnung, geradeso, wie es im Raum auch nicht unordentliche und ordentliche Punktverteilungen gibt, sondern jede Punktverteilung ist ordentlich.

(Diese Bemerkung ist nur Material für einen Gedanken.)

Die Kunst ist ein Ausdruck.

Das gute Kunstwerk ist der vollendete Ausdruck.

7. 10. 16.

Das Kunstwerk ist der Gegenstand sub specie aeternitatis gesehen; und das gute Leben ist die Welt sub specie aeternitatis gesehen. Dies ist der Zusammenhang zwischen Kunst und Ethik.

Die gewöhnliche Betrachtungsweise sieht die Gegenstände gleichsam aus ihrer Mitte, die Betrachtung sub specie aeternitatis von außerhalb.

So daß sie die ganze Welt als Hintergrund haben.

Ist es etwa das, daß sie den Gegenstand *mit* Raum und Zeit sieht statt *in* Raum und Zeit?

Jedes Ding bedingt die ganze logische Welt, sozusagen den ganzen logischen Raum.

(Es drängt sich der Gedanke auf): Das Ding sub specie aeternitatis gesehen ist das Ding mit dem ganzen logischen Raum gesehen.

8. 10. 16.

Als Ding unter Dingen ist jedes Ding gleich unbedeutend, als Welt jedes gleichbedeutend.

Habe ich den Ofen kontempliert, und es wird mir nun gesagt: jetzt kennst du aber nur den Ofen, so scheint mein Resultat allerdings kleinlich. Denn das stellt es so dar, als hätte ich den Ofen unter den vielen, vielen Dingen der Welt studiert. Habe ich aber den Ofen kontempliert, so war *er* meine Welt, und alles Andere dagegen blaß.

(Manches Gute im Großen, im Einzelnen aber schlecht.)

Man kann eben die bloße gegenwärtige Vorstellung sowohl auffassen, als das nichtige momentane Bild in der ganzen zeitlichen Welt, als auch als die wahre Welt unter Schatten.

9. 10. 16.

Nun ist aber endlich der Zusammenhang der Ethik mit der Welt klarzumachen.

12. 10. 16.

Ein Stein, der Körper eines Tieres, der Körper eines Menschen, mein Körper, stehen alle auf gleicher Stufe.

Darum ist, was geschieht, ob es von einem Stein oder von meinem Körper geschieht, weder gut noch schlecht.

"Die Zeit ist einsinnig", muß ein Unsinn sein.

Die Einsinnigkeit ist eine logische Eigenschaft der Zeit.

Denn wenn man jemanden früge, wie er sich die Einsinnigkeit vorstellt, so würde er sagen: die Zeit wäre nicht einsinnig, wenn sich ein Ereignis wiederholen könnte.

Daß sich aber ein Ereignis nicht wiederholen kann, liegt, geradeso wie, daß ein Körper nicht zu gleicher Zeit an zwei Orten sein kann, im logischen Wesen des Ereignisses.

Es ist wahr: der Mensch *ist* der Mikrokosmos:

Ich bin meine Welt.

15. 10. 16.

Was man sich nicht denken kann, darüber kann man auch nicht reden.

"Bedeutung" bekommen die Dinge erst durch ihr Verhältnis zu meinem Willen.

Denn "Jedes Ding ist, was es ist, und kein ander Ding".

Eine Auffassung: Wie ich aus meiner Physiognomie auf meinen Geist (Charakter, Willen) schließen kann, so aus der Physiognomie jedes Dinges auf *seinen* Geist (Willen).

Kann ich aber aus meiner Physiognomie auf meinen Geist *schließen*?

Ist dies Verhältnis nicht rein empirisch?

Drückt mein Körper wirklich etwas aus?

Ist er selbst der interne Ausdruck von etwas?

Ist etwa das böse Gesicht an sich böse oder bloß, weil es empirisch mit böser Laune verbunden ist?

Aber es ist klar, daß der Kausalnexus gar kein Nexus ist.

Ist es denn wahr, daß sich mein Charakter nach der psychophysischen Auffassung nur im Bau *meines* Körpers oder meines Gehirns und nicht ebenso im Bau der ganzen übrigen Welt ausdrückt?

Hier liegt ein springender Punkt.

Dieser Parallelismus besteht also eigentlich zwischen meinem Geist, i.e. dem Geist, und der Welt.

Bedenke nur, daß der Geist der Schlange, des Löwen, *dein* Geist ist. Denn nur von dir her kennst du überhaupt den Geist.

Es ist nun freilich die Frage, warum habe ich der Schlange gerade diesen Geist gegeben.

Und die Antwort hierauf kann nur im psychophysischen Parallelismus liegen: Wenn ich so aussähe wie die Schlange und das täte, was sie tut, so wäre ich so und so.

Das Gleiche beim Elefanten, bei der Fliege, bei der Wespe.

Es fragt sich aber, ob nicht eben auch hier wieder (und gewiß ist es so) mein Körper mit dem der Wespe und der Schlange auf einer Stufe steht, so daß ich weder von dem der Wespe auf meinen, noch von meinem auf den der Wespe geschlossen habe.

Ist das die Lösung des Rätsels, warum die Menschen immer glaubten, *ein* Geist sei der ganzen Welt gemein?

Und dann wäre er freilich auch den unbelebten Dingen gemeinsam.

Der Weg, den ich gegangen bin, ist der: Der Idealismus scheidet aus der Welt als unik die Menschen aus, der Solipsismus scheidet mich allein aus, und endlich sehe ich, daß auch ich zur übrigen Welt gehöre, auf der einen Seite bleibt also *nichts* übrig, auf der anderen als unik *die Welt.* So führt der Idealismus streng durchdacht zum Realismus.

17. 10. 16.

Und in diesem Sinne kann ich auch von einem der ganzen Welt gemeinsamen Willen sprechen.

Aber dieser Wille ist in einem höheren Sinne *mein* Wille.

Wie meine Vorstellung die Welt ist, so ist mein Wille der Weltwille.

20. 10. 16.

Es ist klar, daß mein Gesichtsraum der Länge nach anders beschaffen ist, als der Breite nach.

Es verhält sich nicht so, daß ich mich einfach überall bemerke, wo ich etwas sehe, sondern ich befinde mich auch immer in einem bestimmten Punkt meines Gesichtsraumes, mein Gesichtsraum hat also quasi eine Form.

Trotzdem aber ist es wahr, daß ich das Subjekt nicht sehe.

Es ist wahr, daß das erkennende Subjekt nicht in der Welt ist, daß es kein erkennendes Subjekt gibt.

Ich kann mir jedenfalls vorstellen, daß ich den Willensakt ausführe, um meinen Arm zu heben, aber mein Arm sich nicht bewegt. (Eine Sehne sei etwa gerissen.) Ja, aber, wird man sagen, die Sehne bewegt sich doch, und dies zeigt eben, daß sich mein Willensakt auf die Sehne und nicht auf den Arm bezogen hat. Aber sehen wir weiter und nehmen an, auch die Sehne bewegte sich nicht und so fort. Wir würden dann dazu kommen, daß sich der Willensakt überhaupt nicht auf einen Körper bezieht, daß es also im gewöhnlichen Sinne des Wortes keinen Willensakt gibt.

Das künstlerische Wunder ist, daß es die Welt gibt. Daß es das gibt, was es gibt.

Ist das das Wesen der künstlerischen Betrachtungsweise, daß sie die Welt mit glücklichem Auge betrachtet?

Ernst ist das Leben, heiter ist die Kunst.

21. 10. 16.

Denn etwas ist wohl an der Auffassung, als sei das Schöne der Zweck der Kunst.

Und das Schöne ist eben das, was glücklich macht.

29. 10. 16.

Könnte man nicht sagen: die Allgemeinheit ist der Zusammensetzung ebensowenig koordiniert wie die Tatsache dem Ding?

Beide Arten von Operationszeichen müssen oder können im Satz nebeneinander vorkommen.

4. 11. 16.

Ist der Wille eine Stellungnahme zur Welt?

Der Wille scheint sich immer auf eine Vorstellung beziehen zu müssen. Wir können uns z. B. nicht vorstellen, daß wir einen Willensakt ausgeführt hätten, ohne gespürt zu haben, daß wir ihn ausgeführt haben.

Es könnte sonst etwa die Frage entstehen, ob er schon *ganz* ausgeführt sei.

Es ist sozusagen klar, daß wir für den Willen einen Halt in der Welt brauchen.

Der Wille ist eine Stellungnahme des Subjekts zur Welt. Das Subjekt ist das wollende Subjekt.

Haben die Gefühle, die mich von dem Vorgang eines Willensakts überzeugen, irgend eine besondere Eigenschaft, die sie von anderen Vorstellungen unterscheidet?

Es scheint nein!

Dann wäre es aber denkbar, daß ich etwa darauf käme, daß z. B. dieser Sessel direkt meinem Willen folgt.

Ist das möglich?

Bei dem Zeichnen des Vierecks  im Spiegel bemerkt man, daß man es nur ausführen kann, wenn man vom Gesichtsbild ganz absieht und nur das Muskelgefühl zu Hilfe nimmt. Also handelt es sich hier doch um zwei ganz verschiedene Willensakte. Der eine bezieht sich auf den Gesichtsteil der Welt, der andere auf den Teil des Muskelgefühls.

Haben wir mehr als erfahrungsmäßige Evidenz, daß es sich in beiden Fällen um die Bewegung desselben Körperteils handelt?

Verhält es sich also so, daß ich meine Handlungen mit meinem Willen begleite?

Aber wie kann ich dann voraussagen – und das kann ich doch in einem gewissen Sinne – daß ich in 5 Minuten meinen Arm heben werde? Daß ich dies wollen werde?

Es ist klar: Es ist unmöglich zu wollen, ohne nicht schon den Willensakt auszuführen.

Der Willensakt ist nicht die Ursache der Handlung, sondern die Handlung selbst.

Man kann nicht wollen, ohne zu tun.

Wenn der Wille ein Objekt in der Welt haben muß, so kann es auch die beabsichtigte Handlung sein.

Und der Wille muß ein Objekt haben.

Sonst hätten wir gar keinen Halt und könnten nicht wissen, was wir wollten.

Und könnten nicht Verschiedenes wollen.

Geschieht denn nicht die gewollte Bewegung des Körpers gerade so wie jedes Ungewollte in der Welt, nur daß sie vom Willen begleitet ist?

Aber sie ist nicht nur vom *Wunsch* begleitet! Sondern vom Willen.

Wir fühlen uns sozusagen für die Bewegung verantwortlich.

Mein Wille greift irgendwo in der Welt an, und an andern greift er wieder nicht an.

Wünschen ist nicht tun. Aber, Wollen ist tun.

(Mein Wunsch bezieht sich z. B. auf die Bewegung des Sessels, mein Willen auf ein Muskelgefühl.)

Daß ich einen Vorgang will, besteht darin, daß ich den Vorgang mache, nicht darin, daß ich etwas Anders tue, was den Vorgang verursacht.

Wenn ich etwas bewege, so bewege ich mich.

Wenn ich einen Vorgang mache, so gehe ich vor.

Aber: Ich kann nicht alles wollen. –

Aber was heißt das: "Ich kann *das* nicht wollen."

Kann ich denn versuchen, etwas zu wollen?

Es scheint nämlich durch die Betrachtung des Wollens, als stünde ein Teil der Welt mir näher als ein anderer (was unerträglich wäre).

Aber freilich ist es ja unleugbar, daß ich in einem populären Sinne gewisses tue und anderes nicht tue.

So stünde also der Wille der Welt nicht äquivalent gegenüber, was unmöglich sein muß.

Der Wunsch geht dem Ereignis voran, der Wille begleitet es.

Angenommen, ein Vorgang würde meinen Wunsch begleiten. Hätte ich den Vorgang gewollt?

Schiene dies Begleiten nicht zufällig im Gegensatz zu dem gezwungenen des Willens?

9. 11. 16.

Ist der Glaube eine Erfahrung?

Ist der Gedanke eine Erfahrung?

Alle Erfahrung ist Welt und braucht nicht das Subjekt.

Der Willensakt ist keine Erfahrung.

19. 11. 16.

Was für ein Grund ist da zur Annahme eines wollenden Subjekts?

Genügt nicht wieder *meine Welt* zur Individualisierung?

21. 11. 16.

Daß es möglich ist, die allgemeine Satzform aufzustellen, sagt nichts anderes als: Jede mögliche Satzform muß sich *voraussehen* LASSEN.

Und *das* heißt: Wir können nie zu einer Satzform kommen, von der wir sagen könnten: Ja daß es so etwas gibt, das hat sich nicht voraussehen lassen.

Denn das würde heißen, daß wir eine neue Erfahrung gemacht hätten, die erst diese Satzform ermöglicht hat.

Also: Die allgemeine Satzform muß sich aufstellen lassen, weil die möglichen Satzformen a priori sein müssen. Weil die möglichen Satzformen a priori sind, darum gibt es die allgemeine Satzform.

Dabei ist es vollkommen gleichgültig, ob die gegebenen Grundoperationen, durch die alle Sätze entstehen sollen, dieselben über die logischen Stufen hinausführen, oder ob sie innerhalb der Stufen bleiben.

Einen Satz, den wir jemals werden bilden können, hätten wir auch jetzt gleich bilden können.

Wir brauchen jetzt die Klärung des Begriffes der atomistischen Funktion und des Begriffes "und so weiter".

Der Begriff "und so weiter", in Zeichen "...", ist einer der allerwichtigsten und, wie alle anderen, unendlich fundamental.

Durch ihn allein nämlich sind wir berechtigt, die Logik, resp. Mathematik, "so weiter" aus den Grundgesetzen und Urzeichen aufzubauen.

Das "und so weiter" tritt sofort im Uranfang der alten Logik ein, wenn gesagt wird, daß wir nun nach der Angabe der Urzeichen ein Zeichen nach dem anderen "so weiter" entwickeln können.

Ohne diesen Begriff würden wir bei den Urzeichen einfach stehen bleiben und könnten nicht "*weiter*".

Der Begriff "und so weiter" ist äquivalent mit dem Begriffe der Operation.

Nach dem Operationszeichen folgt das Zeichen "...", welches bedeutet, daß das Resultat der Operation wieder zur Basis derselben Operation genommen werden kann, "und so weiter".

22. 11. 16.

Der Begriff der Operation ist ganz allgemein derjenige, nach welchem nach einer Regel Zeichen gebildet werden können.

23. 11. 16.

Worauf stützt sich die Möglichkeit der Operation?

Auf den allgemeinen Begriff der strukturellen Ähnlichkeit.

Wie ich z. B. die Elementarsätze auffasse, muß ihnen etwas gemeinsam sein; sonst könnte ich überhaupt nicht kollektiv von ihnen allen als den "Elementarsätzen" sprechen.

Dann müssen sie aber auch als Resultate von Operationen aus einander entwickelt werden können.

Denn wenn zwei Elementarsätzen wirklich etwas gemeinsam ist, was einem Elementarsatz und einem zusammengesetzten nicht gemeinsam ist, so muß sich dies Gemeinsame irgendwie allgemein zum Ausdruck bringen lassen.

24. 11. 16.

Wenn das allgemeine Kennzeichen der Operation bekannt sein wird, dann wird auch klar sein, aus welchen Elementar-Bestandteilen eine *Operation* immer besteht.

Wenn die allgemeine Form der Operation gefunden ist, so haben wir auch die allgemeine Form des Auftretens des Begriffs "und so weiter".

26. 11. 16.

Alle Operationen sind aus den Grundoperationen zusammengesetzt.

28. 11. 16.

Entweder eine Tatsache ist in einer anderen enthalten, oder sie ist unabhängig von ihr.

2. 12. 16.

Die Ähnlichkeit der Allgemeinheitsbezeichnung mit dem Argument zeigt sich, wenn wir statt ϕa schreiben $(ax)\phi x$.

Man könnte die Argumente auch so einführen, daß sie nur auf einer Seite des Gleichheitszeichens auftreten. Also immer analog "$(\exists x).\phi x.x = a$" statt "ϕa".

Die richtige Methode in der Philosophie wäre eigentlich die, nichts zu sagen, als was sich sagen läßt, also Naturwissenschaftliches, also etwas, was mit Philosophie nichts zu tun hat, und dann immer, wenn ein anderer etwas Metaphysisches sagen wollte, ihm nachweisen, daß er gewissen Zeichen in seinen Sätzen keine Bedeutung gegeben hat.

Diese Methode wäre für den anderen unbefriedigend (er hätte nicht das Gefühl, daß wir ihn Philosophie lehrten), aber sie wäre die einzig richtige.

7. 1. 17.

In dem Sinne, in welchem es eine Hierarchie der Sätze gibt, gibt es natürlich auch eine Hierarchie der Wahrheiten und der Verneinungen etc.

In dem Sinne aber, in welchem es im allgemeinsten Sinne Sätze gibt, gibt es nur eine Wahrheit und eine Verneinung.

Dieser Sinn wird aus jenem gewonnen, indem der Satz im allgemeinen aufgefaßt wird als das Resultat der *einen* Operation, welche alle Sätze aus der untersten Stufe erzeugt etc.

Die unterste Stufe und die Operation kann die ganze Hierarchie vertreten.

8. 1. 17.

Es ist klar, daß das logische Produkt zweier Elementarsätze nie eine Tautologie sein kann.

Ist das logische Produkt zweier Sätze eine Kontradiktion und die Sätze scheinen Elementarsätze zu sein, so sieht man, daß in diesem Falle der Schein trügt. (Z. B.: A ist rot und A ist grün.)

10. 1. 17.

Wenn der Selbstmord erlaubt ist, dann ist alles erlaubt.

Wenn etwas nicht erlaubt ist, dann ist der Selbstmord nicht erlaubt.

Dies wirft ein Licht auf das Wesen der Ethik. Denn der Selbstmord ist sozusagen die elementare Sünde.

Und wenn man ihn untersucht, so ist es, wie wenn man den Quecksilberdampf untersucht, um das Wesen der Dämpfe zu erfassen.

Oder ist nicht auch der Selbstmord an sich weder gut noch böse?